참 좋은 당신 참 좋은 우리 부부

불행은 Why 행복은 Good

_____ 님께

_____ 드림

참좋은당신 참좋은우리부부

예비신부·신혼·중년·황혼부부를 위한 우리 집 '가정사 교과서'

참 좋은 당신 참 좋은 우리 부부

이재석 엮음

100만 독자가 가정의 행복을 위해 자녀와 함께 읽고 싶은 책!

여는글

    이 책은 우리들의 '가정사 교과서'로서 꼭 펴내고 싶었던 것입니다. 이번에 《참 좋은 당신 참 좋은 우리 부부》라는 제목으로 출판, 그 뜻을 이룰 수 있게 되어 새삼 감개무량합니다.

    또한 이 책의 주제로 2001년 〈아내(남편)의 말 한마디가 남편(아내)의 인생을 결정한다〉는 책을 펴내어 독자들의 뜨거운 사랑을 받은 바 있습니다. 중판을 거듭하면서 100만 독자들을 확보할 수 있었으니 말입니다. 20여 년이 지난 요즘까지도 시대와 사회의 맥락에 따라 그 가정 환경이 바뀌었다 하더라도, 이 책이 전하는 메시지만은 한결같이 변하지 않았음을 엿볼 수 있습니다.

    이번에 펴내게 된 이 책은 지난날의 '아내·남편·부부라는 이름으로 행복하게 살기'의 내용을 한 권에 담아 정리한 완결 개정 신판인 것입니다. 20여 년 동안 가정의 변화 속에서 살아온 예비부부로부터 신혼·중년·황혼에 이른 부부들의 실제 사례를 통해 수집한 수많은 자료들을 엄선·정리하여 결혼 생활에 얽힌 나누고 싶은 53편의 이야기를 담아 놓은 것입니다.

    그러므로 흔히 교육학자나 심리학자가 쓴 심오한 이론서와는 다른 것입니다. 바로 우리 집 가정 생활, 우리 이웃집의 부모와 자녀 사이의 일상에서 빚어지는 일들을 중심으로 구성된 실제 이야기이기 때문입니다. 남편에게 힘이 돼 주는 아내의 따뜻한 말 한 마디, 아내의 고달픈 짐을 덜어 주는 남편의 헌신적인 사랑 등 건강이나 경제 문제에 부딪혀 힘든 현실을 함께 극복해 가는 부부들의 사연을 담았습니다.

이런 점에 주안점을 두고, 그 내용을 4 Part로 나눴습니다.

Part 1에선 〈아내로 행복하게 살기〉, Part 2에선 〈남편으로 행복하게 살기〉, Part 3에선 〈부부라는 이름으로 행복하게 살기〉, Part 4에선 부록으로 〈부모의 말 한마디가 자녀의 인생을 결정한다〉는 전문가의 연구 분석 자료를 종합한 내용을 담았습니다.

이제 완결판 개정 새 책으로 《참 좋은 당신 참 좋은 우리 부부》를 펴놓게 되어서 만시지탄한 감은 있지만 한결 마음이 가볍습니다.

아무쪼록 이 책이 100만 독자 여러분의 머리맡에 놓여져 가정의 행복을 위해 늘 함께하는 '가정사 교과서'가 되었으면 하는 바람입니다.

2023. 6. 25 아침에

엮은이 이재석 씀

차 례

여는글 • 6

Part 1 아내로 행복하게 살기

1. 백두산에서 올린 특별한 결혼식 • 14
2. 두 친구의 집 비교— 봄날 같은 아내 vs. 겨울 같은 아내 • 19
3. 아내의 따뜻한 말 한마디… 다시 방 한칸에서 시작합시다 • 23
4. 시장은 바꿀 수 있어도 남편은 바꿀 수 없지요 • 26
5. 인생은… '장미 화단'이라고 말한 아내 • 30
6. 아내의 이메일 • 36
7. 남편을 위한 아내의 요리 블로그 • 41
8. 주말부부, 월화수목금… 아내의 레시피 • 48
9. 된장찌개와 장미꽃 한 송이 • 54
10. 남편과 함께 보내는 처가의 명절 • 60
11. 임신한 어린 딸의 결혼 • 66
12. 남편과 함께 쓰는 태교 일기 • 74
13. 방송통신대학에 입학한 아내 • 79
14. 시부모님과 함께 떠난 결혼 여행 • 83
15. 며느리이면서 아내로 살기 • 89

16. 남편 발자국 소리를 반기는 '식물아내' • 95

17. 70세 할머니의 한(恨) 없는 결혼식 • 98

18. 황혼 이혼… 사소한 갈등이 '이혼 불씨' 된다 • 101

Part 2 남편으로 행복하게 살기

1. 아내에게 해야 할 말 vs. 해서는 안될 말 • 108

2. 아내는 내 인생의 소중한 동반자 • 115

3. 가난한 날의 행복 • 119

4. 올 결혼기념일 선물은 뭘로 할까 • 124

5. 어느 신혼부부의 특별한 생일 파티 • 128

6. 아내의 비상금 챙겨 주기 • 134

7. 생생 임신 체험 교실 • 138

8. 남편이 말을 잃은 이유 • 143

9. 울지 않는 바이올린 • 146

10. 입덧 아내에게 밥상 차려 주는 남편 • 150

11. 아내의 찢어진 속옷 • 153

12. 여보, 자동차 사고가 났을 때 꼭 기억해요 • 159

13. 추석날, 와이셔츠를 걷어붙이고 • 162

14. 사위도 자식이다 • 166

15. 남편의 때 낀 손톱 · 172

16. 네 커플링이 쓸쓸할까 봐 · 178

17. 갱년기 장애… 아내에게 주는 감사패 · 182

18. 한 트럭 운전사의 마지막 편지 · 189

Part 3 부부라는 이름으로 행복하게 살기

1. '미고사축'— 부부가 평생 아끼지 말아야 할 말 · 198

2. 좋은 부부 관계란 어떤 풍경일까 · 203

3. 부모와 자녀 사이, 자녀와 부모 사이— 이야기 두 편 · 206
   - 아들의 청구서 vs. 어머니의 청구서
   - 손자가 만든 개수통

4. 까치네의 부부 싸움 · 211

5. 부부 싸움의 원칙— 이야기 두 편 · 215
   - 부부 싸움은 칼로 물 베기
   - 부부 싸움은 져 주는 것이 이기는 것

6. 가정 속의 아내, 가정 밖의 남편 · 222

7. 아빠 자리, 엄마 자리… 서로의 자리 · 229

8. 퍼 내도 퍼 내도 마르지 않는 샘물 · 236

9. 꽃다발 속의 아버지의 편지 · 243

10. 워크숍에서 있었던 어느 강사의 숙제 · 247

11. 이혼 위기를 맞은 부부… 딱 한마디 말이 어려워 · 251
12. 부부 동반 송년회 모임 · 255
13. 마라톤 마니아… 당신도 한번 달려 봐 · 262
14. 일깨워 준 우리 집 '미니 가족사' · 269
15. 노신사(老紳士)와 진정한 사랑의 웨딩드레스 · 276
16. 청각 잃은 노부부(老夫婦)의 애틋한 사랑 · 281
17. 잃어버린 40년의 세월을 찾다 · 289

Part 4 부모의 말 한마디가 자녀의 인생을 결정한다

- 자녀를 망가뜨리는 말들 · 296
- 부모와 자녀 간의 효율적인 대화 · 302
- 나는 정말 좋은 아빠인가 · 307
- 우리는 몇 점짜리 부모인가 · 309
- 자녀 교육의 수칙 · 311
- 아동 학대… 무엇이 문제인가 · 313
- 청소년 자녀 둔 부모 교육프로그램 · 314

- (남편의 기를 살려 주는) 아내의 내조 10가지 · 316
- (아내의 기를 살려 주는) 남편의 내조 10가지 · 317

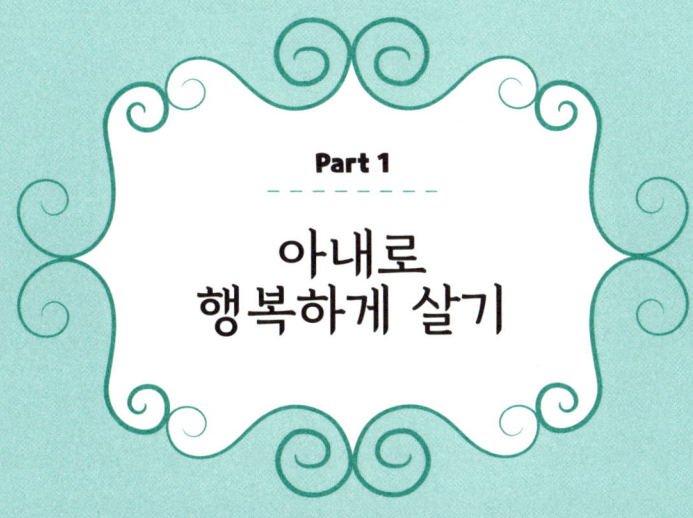

Part 1
아내로 행복하게 살기

아내인 동시에 친구일 수도 있는
여자가 참된 아내이다.
친구가 될 수 없는 여자는 아내로도
마땅하지가 않다.

-윌리엄 펜의 《고독의 과실》 중에서

1 백두산에서 올린 특별한 결혼식

 서울에서 결혼식을 마치고 백두산으로 신혼여행을 온 수진 씨와 준영 씨는 이곳 천지에서 두 사람만의 결혼식을 한 번 더 올리기로 했다. 이는 수진 씨가 먼저 계획한 것으로 오랫동안 투병생활을 해 오고 있는 준영 씨로 하여금 새로운 희망과 의지를 갖게 하고 싶은 마음에서 준비한 것이다.

 "정상이다!"
 백두산 정상, 거친 숨을 내쉬며 마지막 계단을 오른 두 사람은 눈앞에 펼쳐진 광경에 입을 다물지 못했다. 말로 표현할 수 없을 정도로 아름다운 절경이었다.
 "해냈어 우리가 해냈다!"

준영 씨가 수진 씨를 얼싸안으며 외쳤다.

두 사람은 냉기가 싸늘한 눈 바닥에 벌렁 누워서 영화 〈러브스토리〉의 주제가를 흥얼거렸다. 영하 10도라고 했지만, 산 정상에서 부는 칼바람이 더해져 체감 온도는 그보다 훨씬 낮았다. 그래도 수진 씨와 준영 씨는 '행복해!'를 연발했다.

준영 씨와 수진 씨가 처음 만난 건 대학 1학년 때였다. 두 사람 모두 첫사랑으로 만나 곁눈질 한번 하지 않고 사랑을 키웠다. 하지만 결혼을 결심한 두 사람은 양가 부모의 반대에 부딪혔다.

한쪽은 "신랑감이 당뇨병 환자여서 딸이 평생 짐을 지고 살아야 한다'는 이유로, 다른 한쪽은 "귀한 아들을 반대하는 집안의 딸과 결혼시킬 수 없다"는 이유에서였다.

하지만 준영 씨와 수진 씨는 부모님의 반대에도 흔들리지 않았다. 오히려 주위의 반대는 자신들의 사랑이 얼마나 소중하고 아름다운 것인지를 깨닫는 계기가 되었다. 끊임없이 설득하여 결국 양가 부모님들은 마음을 돌리셨고 결혼을 허락받았다. 어렵게 결혼 허락을 받자 수진 씨는 준영 씨에게 신혼여행을 백두산 천지로 가서 한 번 더 결혼식을 올리고 싶다고 말한 것이다.

병 때문에 여행을 별로 해 본 적이 없는 준영 씨는 수진 씨의 제안에 마음이 설레었다. 상상만 해도 멋진 일이었다. 그러나 백두산 천지에서의 결혼식은 생각처럼 쉽지 않았다. 춥고 바람도 심한 백두산을 오르는 일은 건강한 수진이에게도, 10년째 당뇨를 앓고 있는 준영 씨에게도 쉬운 일이 아니었다. 하지만 둘은 지금까지 주변의 반대를 이겨내 결혼에 성공한 것처럼 지금 당장 힘든 것도 이겨낼 수 있다고 서로를 응원하며 힘을 냈다. 수진 씨는 등반 도중에 혈당을 재며 준영 씨의 건강 상태를 확인했고, 혈당이 낮게 나오면 음료나 사탕을 건네기도 했다. 잠시 앉아서 쉴 때면 수진이는 준영 씨의 다리를 주무르며 마사지를 해 주었다. 수진 씨의 극진한 마음을 아는 준영 씨는 괴롭고도 힘든 순간을 견디며 등반을 계속했고 마침내 천지에 오를 수 있었다.

현지 안내원은 비구름이 몰려올 것 같으니 빨리 식을 해야 한다고 재촉했다. 하지만 두 사람은 백두산 천지에 함께 올랐다는 기쁨을 누리느라 정신이 없었다. 마음이 급해진 안내원이 준비해 간 하얀 천을 깔아 대충 결혼식장을 만들었다. 그리고 준영 씨에게 턱시도로 갈아입으라고 재촉했다. 안내원의 재촉에 겨우 정신을 차린 수진 씨도 웨딩드레스로 단장했다. 영하의 추운 날씨 속에서 신랑과 신부는 온몸을 부들부들 떨면서도 마냥 행복한 표정이었다. 하늘과 땅을 연결하는 통로와도 같아 보이는 백두산 천지를 배경으로 두 사람의 결혼식이 시작되었다.

"신랑, 신부 동시 입장!"

주례 겸 사회를 맡은 안내원이 경쾌한 목소리로 준영 씨와 수진 씨를 향해 외쳤다. 그러자 두 사람은 함께 '당신은 사랑받기 위해 태어난 사람'이라는 노래를 부르며 손을 꽉 잡고 주례 앞으로 걸어 나왔다. 주변에 있던 관광객들이 축하의 박수를 쳐주었다. 결혼 서약을 하고 안내원의 혼인 선언이 이어진 후, 수진 씨는 준영 씨를 위해 준비한 마음을 담은 편지를 읽어 내려가기 시작했다.

사랑하는 나의 남편 준영 씨에게

당신과 결혼했다는 사실이 꿈만 같습니다. 대학 1학년 때 우리는 처음 만났지요. 벚꽃이 바람에 흩어져 비처럼 내리던 날이었어요. 캠퍼스를 걷던 나는 벚나무 아래 벤치에 앉아 환한 미소를 짓고 있는 당신을 보고 그만 마음을 빼앗겨 버렸습니다. 하지만 부끄러운 마음에 감히 당신 앞에 다가가지 못했지요. 며칠 후 우연히 도서관에서 당신 옆자리에 앉은 나는 가슴이 두근거려 책 한 줄도 읽지 못했습니다. 당신이 이런 내 마음을 알았던 걸까요? 당신은 자판기 커피 한 잔을 내게 내밀며, 저녁을 같이 먹을 수 있냐고 물었지요. 그때, 나는 하늘을 날 듯 기쁜 마음으로 당신의 제안을 받아들였어요.

이렇게 시작된 우리의 사랑은 기쁨의 순간만큼 많은 슬픔의 고비를 넘어야 했습니다. 그래도 나는 믿었습니다. 그 누구도 당신과 나의 사랑을 깨뜨릴 수 없다고 말입니다.

10년, 참으로 오랫동안 당신을 괴롭혀온 그걸 당신 몸에서 떼어낼 수 없다면, 이젠 당뇨를 친구처럼 생각하고 돌보면서 살아가기로 작정했어요. 그리고 결심했습니다. 지금 이 순간부터는 당신과 나의 힘들었던 지난날을 돌아보지 않겠다고 말입니다. 지금 이 순간부터는 행복한 미래만을 생각하며 살아가겠습니다.
부모님의 반대에도 나의 남편이 되어 주어서 감사합니다.
주변 사랑들의 염려 속에서도 나를 향한 사랑을 접지 않은 것 감사합니다.
그리고 내 사랑을 받아주어서 고맙습니다.
내가 당신의 아내가 될 수 있게 해주어서 고맙습니다.
지금 이 순간에도 당신을 사랑할 수 있게 해 주어서 두 손 모아 감사드립니다.

당신의 행복한 아내
수진 씀

    수진 씨는 편지를 끝까지 다 읽지 못하고 눈물로 끝을 맺었다. 주변에서 두 사람의 결혼식을 지켜보던 많은 관광객들 역시 두 사람의 아름다운 결혼식에 눈물 젖은 응원의 박수를 보냈다.

    그 날 백두산에서 찍은 사진은 지금 수진 씨와 준영 씨의 신혼 방에 서울 예식장에서 찍은 사진과 함께 나란히 걸려 있다. 비록 면사포가 바람에 뒤집어져 엉망이고 두 사람 다 울고 난 후라 깨끗한 얼굴은 아니었지만, 그때의 벅찬 마음이 그대로 전해오는 듯했다. 두 사람은 살아가면서 힘들고 고될 때마다 백두산 천지에서의 결혼식을 떠올리며, 늘 함께 있어 보다 큰 행복을 느낍니다.

2 두 친구의 집 비교 —
봄날 같은 아내 vs. 겨울 같은 아내

내가 아는 두 친구의 집이 있다. 두 집 다 서울 근교에 살고 가족 구성원이나, 경제적인 부분 등이 비슷하다.

그런데 한 가정의 분위기는 싸늘한 겨울 날씨 같고, 다른 한 가정의 분위기는 늘 온화한 봄 날씨 같다. 그래서 나는 혼자 속으로 두 집을 '겨울집', '봄집'으로 불러서 비교하곤 한다.

'겨울집'은 가족들 사이의 불화가 그치지 않는다. 부부끼리 자주 싸우고 부모와 자식 간에도 말다툼을 하고, 아이들끼리도 아옹다옹 다툴 때가 많다. 집안에서 나는 큰소리가 현관문을 넘어 이웃에까지 들리는 경우가 있다고 한다.

반면 '봄집'은 웃음소리가 그치지 않는다. 표정이 천사처럼 밝고 목소리는 봄바람처럼 부드럽다. 또 작은 것도 이웃과 나눠 먹고 나눠 쓰는 걸 좋아해서 이웃들이 그 집을 좋아하고 부러워했다. 남편이 벌어오는 수입도 비슷하고, 식구도 비슷한데 왜 저렇게 다른 모습일까 하고 궁금했던 것이다.

어느 날, 나와 겨울집 친구는 봄집 친구의 집에 초대를 받아 놀러 갔다. 봄집 부부 내외와 함께 거실에서 차를 마시며 이런저런 이야기를 나눌 때였다. 그때 봄집의 아들이 장난을 치다가 그만 실수로 장식으로 놔둔 비싼 도자기를 깨뜨리고 말았다.

나와 겨울집 친구는,

"어이구, 저 비싼 도자기를… 아까워라"하며, 곧 아이에게 불호령이 떨어질 것이라고 생각했다.

그런데 봄집 친구의 입에서 전혀 뜻밖의 말이 나왔다.

"내가 도자기를 넘어지기 쉬운 자리에 올려놓았구나. 아들, 미안하다. 많이 놀랐겠구나. 어디 다친 데는 없니?"

그리고 봄집 아내가 이어서 말했다.

"아니에요. 전부터 그 자리가 좀 위험하다고 생각해서 치우려고 했는데 생각만 하고 있었네요. 미안해요, 여보! 얘, 이리 와 있어라. 내가 치울 테니."

그 순간 아들이 머리를 긁적이며 말했다.

"엄마, 아빠, 죄송해요. 제가 조심성이 없어서 그랬어요. 제가 빗자루 가져올게요."

봄집 가족들은 셋이서 함께 깨진 도자기 조각들을 치우고 서로의 발에 위험한 작은 조각이 붙어 있지나 않은지 살폈다.

봄집 아내와 아들이 부엌에 과일을 가지러 간 동안 나와 겨울집 친구는 봄집 친구에게 물었다.

"아니, 저 비싼 도자기가 깨졌는데 자네는 화도 안 나나?"

봄집 친구가 밝게 웃으며 말했다.

"화를 낸다고 깨진 도자기가 원래대로 돌아오는 것도 아닌데 화를 내서 무슨 소용이겠어? 그리고 내가 화를 내는 순간, 도자기보다 더 훨씬 값진 보물이 깨진다고."

"훨씬 값진 보물이라니?"

"가정의 행복이 보물이지, 뭐겠어?"

봄집 친구의 집을 나오면서 나와 겨울집 친구는 생각에 잠겼다. 화목한 가정의 비결은 멀리 있거나 비싼 돈이 드는 게 아니었다. 바로 말씨 하나! 말 한마디로 집안에 싸움이, 또 화목해지기도하는 것이다. 하지만 내가 기억하기로는 봄집 친구가 처음부터 그렇게 부드럽고 온화한 성격은 아니었다. 욱하기로는 남에게 뒤지지 않는 친구였다. 봄집 친구는 자신의 성격이 변한 이유에 대해서 말해 주었다.

"다 아내 덕분이야."

"자네 아내가?"

"그래."

봄집 친구의 아내는 말 한마디를 해도 온화하고 부드럽게 하는 여자였다. 항상 가족들을 칭찬하고 아프면 걱정해 주고, 힘든 일이 있으면 따뜻하게 응원해 주었다. 의견이 부딪치는 일이 생기면, 먼저 남편의 주장을 다 경청해 준 다음에 남편의 생각을 존중해주고 타협점을 내주는 현명함까지 갖춘 사람이라고 했다.

결혼 생활 초반에 목소리를 높이던 봄집 친구는 처음에는 자기가 가정의 주도권을 잡았다고 으스댔지만, 살다 보니 한쪽이 일방적으로 주도권을 행사하는 게 가정이 화목해지는 길이 아니라는 걸 깨달았다고 한다. 자신도 아내를 흉내 내어 부드럽게 말하려고 노력했더니, 아내가 더욱 기뻐하며 자신을 사랑해 주었고, 아이들은 부모의 모습을 닮아 자연히 아이들과의 사이도 좋아졌다고 한다.

"내게 아내는 봄날 같은 여자야!"

이렇게 말하며 환하게 웃는 봄집 친구의 얼굴은 세상을 다 가진 부자처럼 행복해 보였다.

겨울집 친구에게도 변화가 찾아왔다. 집안일 문제로 찡그리고 다니던 얼굴이 환하게 펴지기 시작했다. 겨울집에도 봄이 찾아온 것이다. 하지만 이 집에서는 남편이 먼저 봄바람을 가져왔다. 봄집 친구의 집에서 깨달음을 얻은 이 친구가 '봄날 같은 남편'이 된 것이다.

따뜻하고 부드러운 말 한마디, 서로를 배려하고 위하는 마음 하나가 모이고 모이면, 행복은 저절로 넘쳐 나게 된다.

③ 아내의 따뜻한 말 한마디…
다시 방 한 칸에서 시작합시다

    사회에서 성공한 남자의 뒤에는 언제나 말없이 내조하는 훌륭한 아내가 있다. 일본에서 MK택시의 신화를 만들어낸 재일동포 MK그룹의 창업자인 유봉식 회장은 종종 이런 말을 했다.
    "아침에 자리에 누운 채 남편을 출근시키는 아내는 절대로 그 남편을 성공시킬 수 없다."

    자리에 누운 채로 남편을 출근시키는 아내가 남편을 존경할 리 없고, 남편을 존경한다면 절대로 누운 채로 출근시키지 않는다. 반면에 아내에게 존경받지 못하는 사람은 그 누구의 존경도 받지 못한다. 어디를 가도 당당하지 못하고 비굴하고 나약하다.
    가정은 남자들에게 휴식처이고 재충전소이다. 지치고 피곤한 육체

와 정신을 편하게 쉬면서 새로운 힘을 충전받을 수 있는 곳이다. 가정이 평화롭고 행복해야 남자들이 직장에서 의욕적으로 자신 있게 일할 수 있다.

세상이 바뀌고 사회에서 맞벌이를 하는 여성들이 점점 늘어나고 있지만, 그럼에도 불구하고 어머니와 아내의 역할을 소홀히 해서는 안 된다. 왜냐하면 여성들이 만드는 가정의 분위기가 남편과 자식들의 인성과 사회 활동에 지대한 영향을 미치기 때문이다.

한창 MK그룹 유봉식 회장이 일본에서 성장할 때의 일이다.

어떤 연유에서인지 다른 회사에서 노골적으로 방해가 들어왔다. 노조까지 가세해서 괴롭히고 있었다. 정체를 알 수 없는 데모대들이 집 앞에까지 몰려와서 시위를 벌이기도 했다. 그들이 들고 있는 피켓에는 '한국인을 쫓아내자'라는 문구가 있었다. 유봉식 회장은 좋은 일을 하는 데 '한국인'이면 왜 안된다는 것인지, 왜 이렇게 방해를 하는지 알 수 없었다.

좋은 일을 하다 보면 장애물을 만나게 마련이라는 식의 말로 스스로를 위로하기도 힘든 상황이었다. 유 회장의 마음이 흔들렸다. 사업을 포기해 버릴 수 있는 순간이었다. 그리고 한국으로 돌아가고 싶은 심정이었다. 이때, 밤새 고민을 하느라 초췌해진 유봉식 회장에게 용기를 준 사람은 바로 '아내'였다. 풀이 죽어 있는 남편에게 아침상을 차려 주면서 아내가 말했다.

"너무 걱정하지 말아요. 망하면 어때요? 다시 방 한 칸에서 시작하면 되지요. 당신이 옳다고 생각한 일은 하세요. 정당한 수단으로 열심히 하면 언젠가는 반드시 인정을 받게 되어 있어요. 나는 당신을 믿어요."

유봉식 회장은 평소에 말이 없고 순종적이기만 하던 아내가 이런 말을 하여 정신이 번쩍 들었다. 여기서 약해지면 안 되겠다는 생각이 솟구쳤다. 그날 유 회장은 출근하자마자 전 사원을 모아 놓고 그들이 제시한 안건에 대해서 더 이상 타협할 수도 포기할 수도 없다는 의지를 천명했다. 그리고 다시 힘을 내어 장애물과 싸워서 위기를 넘기고 MK의 신화를 만들어 내었다. 항복을 결의하는 자리가 되었을 그날의 그 회의장이, 결전의 자리가 된 것은 남편을 격려한 아내의 바로 그 따뜻한 한마디 말 때문이었다.

남자의 마음은 강한 것 같지만 사실은 약하다. 잘 버티다가도 유연하지 못해서 부러지곤 한다. 정말로 강한 것은 여자들의 유연한 힘이다. 마치 갈대가 강한 바람 속에 흔들리면서도 자리를 지키는 것처럼 시련을 이기는 비법을 여자들은 갖고 있다.

괴테는 《파우스트》 제5막 마지막 장에서, 여성의 위대함에 대해 노래한다. '영원히 여성적인 것이 우리를 구원한다'라고 말하지 않았던가. 여성의 부드러운 힘은 가정의 행복을 이루는 근원이다. 그리고 아내의 따뜻한 말 한마디는 남편의 인생을 결정할 만큼 귀중한 것이다.

4 시장은 바꿀 수 있어도 남편은 바꿀 수 없지요

일본 오사카부 다카스키시의 시장이었던 애무라 도시오 씨는 77세의 고령인 시절, 직선제로 시장에 선출되어 훌륭히 임무를 수행하고, 1년 후에 치를 시장 선거에 다시 출마하기로 돼 있었다. 그러나 8년 전에 무릎에 인공관절을 넣는 수술을 받은 아내가 파킨슨병까지 앓게 되면서부터 갈등하기 시작했다.

애무라 씨보다 1살 많은 아내 도미코 여사는 8년 동안 투병생활을 해왔다. 남편이 시장직을 수행하느라 바빠지자 아내는 우울증 현상을 보이기 시작했다. 기력도 날로 쇠약해져 거의 '식물인간' 상태로 누워서 지내게 되었다. 애무라 씨는 시간이 날 때마다 아내 곁에 있어 주었지만 그것만으로는 아무런 도움이 되지 않았다.

그러던 어느 날, 애무라 씨는 아내가 집중 치료실에서 치료를 받는 동안 주치의와 이런저런 이야기를 나누다가 아주 중요한 이야기를 듣게 되었다.

"……"

"의식이 없는 아내 중에 부모나 자식의 목소리에는 반응하지 않다가도 남편이 말을 걸면 반응하는 경우가 많습니다."

그 순간 애무라 씨의 뇌리에 아내의 얼굴이 번개처럼 스쳤다.

'내 아내도 나의 말에는 반응을 보일 가능성'이 있다. 하지만 나는 일을 위해 아내를 돌볼 시간을 뺏기고 있다. 나의 일을 희생해서라도 아내를 위해 살자. 애무라 씨는 시장직을 그만둘 결심을 했다. 동료와 주위 사람들은 시장으로서의 직분을 충실히 수행하는 것이 아내를 돌보는 것보다 사회를 위해 더욱 중요하지 않느냐며 애무라 씨를 말렸다. 하지만 애무라 씨의 결심은 확고했다.

애무라 씨는 정식으로 시장직을 그만두는 날 시민들에게 고개 숙여 사과했다.

"시장은 바꿀 수 있어도 남편은 바꿀 수 없지요. 시민 여러분! 부디 저를 너그럽게 용서해 주시기 바랍니다."

애무라 씨의 이 말은 대중매체를 통해 알려졌고, 뭇 여성들이 뭉클한 감동을 받았다. 애무라 씨는 시장으로 근무할 때보다 더 좋은 인기를 누렸다. '시장은 바꿀 수 있어도 남편은 바꿀 수는 없다.'는 메시지는 한 카피라이터에 의해 텔레비전의 광고 문안으로 인용돼 전국적인 유행어가 되었다.

시장직을 그만 둔 애무라 씨는 하루 24시간을 아내와 함께 보냈다. 아침 6시에 일어나 아내의 기저귀를 갈아주고, 세면대로 가서 얼굴을 씻겨주는 것으로 하루 일과가 시작되었다. 손수 아침을 준비하고 1시간 30분 동안 아내에게 밥을 먹여 주고, 그림책도 보여 주며 대화를 나누고, 아내를 휠체어에 태우고 산책을 하기도 한다.

그러던 어느 날, 아내에게 줄 간식을 만들어 아내가 누워있는 방으로 들어간 애무라 씨는 아내를 보고는 너무 놀라서 쟁반을 떨어뜨리고 말았다. 식물인간이나 마찬가지로 말도 하지 못하고 웃지도 못하던 그녀가 애무라 씨를 향해 웃고 있었다. 그리고는 "여, 여보, 고-마우어"라고 말을 하기 시작했다. 그 순간 애무라 씨는 감격에 북받쳐 눈가에 굵은 눈물방울이 맺혔다. 애무라 씨의 눈물을 본 도미코 여사 역시 얼굴이 눈물로 얼룩졌다.

'내 죽음을 지켜봐 줄 사람, 내 곁에서 최후를 맞이할 사람!'
자식이 아무리 많아도 결국 죽는 날까지 진정으로 의지할 수 있는 사람은 배우자뿐이다. 지금 내 곁에 있는 사람은 내 마지막 순간에 힘이 되어줄 사람이며, 또 나는 그 사람의 힘이 되어 주어야 한다. 나이든 부부에겐 늘 사랑하며 사는 일만 남았다.

요즈음 노인 인구가 증가하고, 또 개인의 행복이 중요한 가치로 등장하면서 행복한 노후에 대한 관심이 높아지고 있다. 과연 행복한 노후 생활은 무엇일까? 최고급 시설이 마련된 부자들을 위한 실버타운, 성공한 자식들이 보내주는 해외 여행, 화려한 보석이나 옷, 돈…. 이런 물질적 여유를 누리며 여생을 보내는 것은 분명 행복한 일이다.

하지만 아무리 초라한 살림이더라도 평생을 함께 사랑해온 사람과 서로 보듬어주며 여생을 보낼 수 있는 삶이 더 행복하다고 할 수 있지 않을까….

나는 말한다.
'사랑은 이유를 묻지 않고 아낌없이 주고도 혹시 모자라지 않나 걱정하는 것'이다. 사랑이 없으면 아무것도 할 수 없다.

5 인생은… '장미화단'이라고 말한 아내

화사하게 꽃을 피운 '장미화단'을 본 적이 있는가?
긴긴 겨울날의 한파를 견뎌낸 장미만이 새순을 피울 수 있다. 진딧물의 공격을 이겨낸 꽃봉오리만이 아름다운 꽃을 피워 향기를 뿜을 수 있다. 고통을 이겨낸 후에야 장미는 비로소 그 아름다운 꽃을 피울 수 있는 것이다.
여기 인생을 '장미화단'이라고 말하는 아내가 있다. 엄마이고 아내이기 때문에, 그 어떤 어려움도 장미화단을 가꾸는 마음으로 견뎌낸다는 것이다.

새벽 5시. 지연 씨는 오늘도 어둠 속에서 눈을 뜬다. 자명종을 맞춰 놓은 것도 아니고 누가 깨우는 것도 아닌데 지연 씨의 눈은 저절로 떠진다. 옆에 누운 남편의 잠을 깨울까 조심하면서 자리에서 일어난 지연 씨는 곧바로 주방으로 가서 아침 준비를 시작한다.

밥을 안치고 찌개를 끓여 아침상을 차려 놓고, 두 딸이 자고 있는 방으로 들어가 아이들을 깨운다. 아이들을 재촉해 학교 갈 준비를 하게 한 후 지연 씨는 남편과 아이들이 함께 아침 식사를 하는 모습을 보고 집을 나선다.

오늘도 누구보다 일찍 보급소에 도착한 지연 씨는 서둘러 수레를 챙기고 배달할 분량의 요구르트와 음료를 챙긴다. 수레 가득 배달해야 할 물건을 싣고 보급소를 나선 지연 씨는 뭔가에 쫓기기라도 하는 듯 허둥거리며 수레를 밀고 아파트 단지로 향했다.

시계를 들여다본 지연 씨의 마음이 더욱 바빠졌다. 발을 동동 구르며 뛰어다니던 지연 씨가 301호에 요구르트를 넣고 돌아선 시간은 낮 12시였다. 갑자기 현관문이 열리더니 할머니가 고개를 내민다.

"애기 엄마! 나 좀 봐."

"네? 무슨 일이세요?"

"요구르트 돌리느라 힘들지? 더운데 식혜 한 잔 마시고 가요. 어제 식혜를 했는데 맛이 아주 좋아."

301호 할머니가 지연 씨를 붙잡는다. 뛰어다니는 몸보다 마음이 더 바쁜 지연 씨는 손을 젓는다.

"다음에 할게요."

"에구, 늙은이가 이렇게 잡으면 못이기는 체하고 주저앉아야지. 무슨 고집이 그리 세.

301호 할머니의 강권에 지연 씨도 어쩔 수 없다는 듯 현관 앞에 걸쳐 앉았다.

"애기 엄마, 살려고 애쓰는 사람 같은데…. 뭐 딴짓하러 가려고 서두르는 건 아닌 것 같고. 대체 무슨 사연이 있어서 그러는 거야?"

할머니의 눈빛에서 어머니의 마음을 읽은 지연 씨는 그동안 누구에게도 털어놓지 않았던 속사정을 이야기하기 시작했다.

"저어, 사실은 집에 가서 점심상을 차려줘야 하거든요."

"점심상을, 시어른을 모시고 사나?"

"그게 아니라, 애들 아빠가…."

"애들 아빠가 집에서 노나 보구먼."

"그냥 노는건 아니고요."

"그래도 그렇지. 요즘 세상에 자기 먹을 것도 못 챙겨 먹고 밖에서 일하는 사람 뛰어 들어가게 하는 간 큰 남자도 있나 보네. 요즘 젊은 사람들 얘길 들으면 무조건 잘해 준다고 좋은 것도 아니라던데."

"애들 아빠가 쓰러져서 거동이 어렵거든요."

"아이구, 세상에 이런 일이 다 있나. 젊은 사람이 풍이라니. 가엾기도 해라. 그래서 젊은 엄마가 고생이구만. 그래, 얼마나 됐는데?"

"1년 조금 넘었어요."

"그래 고생이 참 많았겠네."

"고생은요. 뭐, 처음에는 눈앞이 캄캄했는데 지금은 괜찮아요. 남편도 이젠 많이 좋아졌고요. 꼼짝도 못했는데 지금은 혼자 화장실은 다닐 정도가 됐으니까요."

"젊은 엄마가 보통 아니구먼."

"쓰러진 사람이 고생이죠. 저야 사지 멀쩡하니까…."

"그래도 쉬운 일이 아니지, 젊은 애기 엄마가 대견하구먼. 그러려고 시작한건가?"

"처음에는 정말 힘들었는데 지금은 할 만해요. 생활도 그렇고 애들한테 들어가는 돈도 적지 않고. 그래서 저라도 돈을 벌어야겠다는 생각을 했어요. 직장에 취직하면 남편 간병이 어렵잖아요. 그래서 집 근처에서 할 수 있고, 또 제가 좀 부지런을 떨면 틈을 낼 수 있는 일을 시작하게 된 거예요."

301호 할머니가 고개를 끄덕이더니 말했다.

"어서 가서 애들 아빠 밥 차려 줘. 내가 괜히 시간을 뺏었어."

"아니에요. 오히려 제가 감사해요. 어머니 같은 분께 속마음을 털어놔서 그런지 개운한 기분이 들어요."

"그래, 열심히 살다 보면 좋은 날이 올 거야."

아파트 단지를 나온 지연 씨는 요구르트 수레를 밀고 집으로 향했다. 목이 말라 물 한 잔을 떠먹으려고 해도 다른 사람의 열 배, 스무 배 노력을 쏟아야 하는 반신불수의 남편이 기다리고 있다는 생각에 지연 씨의 발걸음은 저절로 빨라졌다.

"여보, 늦었어. 많이 기다렸지?"

집안으로 들어서던 지연 씨는 평소와 다른 부엌 식탁을 보고 깜짝 놀랐다. 처음에는 아이들이 아침에 먹은 반찬을 냉장고에 넣어 두고 가지 않았나 했는데 그게 아니었다. 그릇에 반찬들이 새로 소담스럽게 담겨져 있었다. 그리고 옆에서 남편이 땀을 흘리며 숟가락과 젓가락을 놓으려 애쓰고 있었다.

"아니, 무슨 일이야? 여보, 이 밥상, 당신이 차린 거야? 나 고생하는 거 불쌍해서 당신이 차렸냐고."

"으응."

"난 괜찮아. 그러니까 다신 이러지 마. 당신 이러면 나 더 속상해."

남편의 말에 지연 씨는 울컥 눈물이 나왔다.

"힘이 안 들긴. 온몸이 땀에 다 젖었는데 이럴 시간 있으면 재활운동 하는 게 나를 도와주는 일이야. 여보, 다신 이러지 마. 나 힘들지 않아. 당신 곁에서 일할 수 있다는 게 얼마나 행복한데. 당신 위해서 밥상 차리러 들어오는 이 시간을 기다리면서 기쁘게 일하는 거라고. 우리 결혼해서 17년 동안 당신 혼자 정말 열심히 달렸잖아. 우리 가족 위해서 일하다가 쓰러져서 이렇게 된 거잖아. 이제 내가 열심히 일해서 우리 가정도 지키고 당신 건강도 되찾게 할 거야."

지연 씨는 남편의 손을 잡았다. 그리고 터져 나오려고 하는 눈물을 애써 참았다. 자신이 사랑하는, 자신을 사랑해 주는 남편 앞에서 절대로 눈물을 흘리지 않겠다는 결심을 했기 때문이다.

 함박꽃처럼 환한 미소를 지어 보인 지연 씨는 남편이 차려 놓은 식탁 앞에 남편과 마주 앉았다. 그리고 몸이 불편한 남편이 조심조심 밥 한 수저를 떠올리면 그 위에 반찬을 올려 주었다. 그 누가 말했던가! 인생은… '장미 화단'이라고.

 온갖 해충과 비바람 속에서도 장미꽃은 피어나고 또 피어나서 아름다운 자태와 그윽한 향기로 보는 이들에게 기쁨을 준다고. 현실은 어두운 터널과 같이 힘들지만, 그 고난과 역경을 이겨내면, 어느 날인가 남편은 건강한 예전 모습을 되찾을 수 있을 것이다. 그리고 예전처럼 행복한 가정을 꾸려갈 수 있을 거라고….

 오늘 따라 지연 씨는 수저 위에 남편이 가장 좋아하는 두부조림을 올려 주며 말한다.

 "당신은 예전처럼 건강해질 수 있어. 난 믿어. 여보, 사랑해!"

 지연 씨의 말에 남편의 얼굴도 장미꽃처럼 환하게 피어났다.

 고개를 끄덕이는 남편의 눈에서는 앞날의 희망을 담은 기쁨의 눈물이 그렁그렁 맺혔다. 그런 남편의 얼굴을 바라보는 지연 씨의 마음에는 이미 말갛고 예쁜 장미 꽃봉오리 하나가 고개를 들고 있었다.

6 아내의 이메일

그 날도 남수 씨는 컴퓨터 앞에 앉아 시간을 보내고 있었다. 그때 아내가 다가와 물었다.
"여보, 인터넷이라는 거 배우기 힘들죠?"
갑작스런 아내의 질문에 그는 조금 당황했다.
"왜? 당신 배워보고 싶어…."

아내가 인터넷에 관심이 있을 거라고는 꿈에도 생각하지 못했던 그는 아내의 말에 적잖이 놀랐다. 아내는 중고등학교에 다니는 두 아이의 교육비라도 벌어보겠다며 파출부 일을 하느라 책은커녕 신문을 보는 일도 별로 없고, 세상 돌아가는 일에 어두운 편이었다. 그래서 당연히 아내는 인터넷을 할 수 없을 거라고 단정지었다.

남수 씨는 다음 날 아침부터 집사람도 인터넷과 친해질 수 있게 해 주자며 행동에 옮겼다. 아내가 아침 식사를 준비하는 동안 인터넷에서 주부에게 필요한 정보와 중요한 뉴스를 프린트해서 전해주었다. 그날의 날씨라든가, 제철인 생선의 가격이나 레시피, 황사에 대비해 피부를 보호하는 방법 등 아내가 흥미로워 할 만한 내용들을 뽑았다.

아내는 어떻게 이런 걸 어데서 공짜로 얻을 수 있냐며 눈이 커져서 신기해했다.

그는 한 걸음 더 나아가 아내에게 인터넷을 가르쳐 주기 시작했다. 일요일 오전마다 두 사람만의 인터넷 수업이 계속되었다.

하지만 영어도 잘 모르고 컴퓨터도 다룰 줄 모르는 아내에게 인터넷을 가르쳐 준다는 것은 쉬운 일이 아니었다. 특히 아내는 마우스 왼쪽 버튼과 오른쪽 버튼, 더블 클릭의 차이가 뭔지를 몰라 쩔쩔 맸다. 남수 씨는 그런 아내가 답답할 때도 있었지만, 그럴 때면 자신이 처음 컴퓨터를 배울 때를 떠올렸다.

아내는 정말 열심히 배웠다. 수첩에 알려 주는 것을 받아 적어 놓기도 하고, 영어 단어가 나오면 외울 때까지 받아쓰는 연습을 했다. 기호가 섞여서 어려운 웹주소를 일일이 받아 적어서 외웠다. 그렇게 6개월이 지나자 아내는 조금씩 인터넷 항해를 할 수 있게 되었다.

그 후 남수 씨는 아내에게 일단 아이디를 만들게 하고 메일을 주고받는 방법을 알려 주었다. 처음에 아내는 그 과정을 이해하지 못했다.

이 컴퓨터에서 쓴 내용을 어떻게 밖에 있는 다른 컴퓨터에서 볼 수 있느냐는 거였다. 그리고 로그인해서 들어간 메일함은 이런저런 메뉴가 많아서 아내는 뭐가 뭔지 헷갈려 했다. 남수 씨는 언젠간 다 이해가 될 거라고 아내를 위로했다.

그리고 남수 씨는 일주일에 2, 3번 정도 아내에게 이메일을 보내기 시작했다. 편지 시작은 항상 '지혜로운 아내에게' 또는 '사랑하는 자기', '귀여운 당신' 같은 조금 낯간지러운 제목으로 시작했다. 평소에 얼굴을 맞대고 말해 본 적이 없는 호칭을 이메일에서는 왠지 마음껏 사용할 수 있었다.

내용은 그날그날 기분에 따라 다르게 썼다. 아내가 힘들어 한 날은 '여보, 오늘도 수고 많았어요. 우리 둘이 조금만 더 고생해서 넓은 집 마련하자.'라는 응원과 약속의 말을 적었다. 별 일이 없을 때는 그냥 '오늘 회사에서 이런 일이 있었어' 하며 사소한 이야깃거리를 적었다. 말다툼을 한 날은 회사에 가서 '아까는 화내면서 말하는 게 아니었는데… 미안하오. 이해해 줘. 오늘 저녁에 당신 좋아하는 카스테라랑 주스 사가지고 갈게' 하며 사과의 말을 썼다.

아내는 하루하루 남수 씨의 메일을 읽는 게 참 재밌다고 했다. 특히 '오늘 낮에 된장찌개를 사먹었는데. 당신 솜씨보다 못해서 돈이 아깝더라. 당신 요리가 최고야' 하고 칭찬의 글을 쓴 날은 싱글벙글 웃으며 남수 씨를 맞아 주었다.

그러던 어느 토요일 저녁, 연장근무 때문에 회사에 남아 있던 남수 씨는 이메일 한 통을 받았다. 보내는 사람은 '누구게?'였고, 제목은 '사랑하는 님에게'였다. 누군가 광고 메일이나 장난 메일을 보냈나 하고 지우려다가 혹시나 해서 편지함을 열었다.

그런데 뜻밖에도 그것은 아내가 보낸 이메일이었다.

여보!
나도 이메일 보낼 줄 안다. 아들한테 물어보고
내가 직접 쓰는 거야. 이메일이라는 거 참 신기하네.
애들이 나보고 '독수리 타법'이라고 막 놀렸어.
손가락 두 개로만 자판을 친다고 말이야.
그래도 기분은 참 좋다.
그동안 당신 메일 읽으면서 답장하고 싶어서 답답했어.
이제 당신한테 메일 받으면 꼭 답장 쓸게.
우리 연애할 때보다 편지 더 많이 씁시다.
오늘 기분 정말 짱이다! 여보, 어서 들어와요.
내가 맛있는 된장지개 끓여 놓을게요.

당신의 아내가.

남수 씨의 입가에 웃음이 번졌다. 이런 게 사는 재미구나 싶었다. 이렇게 재밌고 기쁜 것을 왜 진작 알려 주지 않고 나 혼자만 쓰고 아내는 심심하게 놔두었을까 하고 미안한 마음도 들었다.

　남수 씨는 아내의 이메일을 프린트해서 곱게 투명 파일에 끼워 책상 서랍에 넣어두었다. 아내의 첫 메일이니 힘들 때마다 꺼내서 봐야지 하는 생각에서였다.

　그 후에도 두 사람의 메일은 계속 되었다. 이제는 아내도 능숙하게 메일을 쓸 수 있게 되었다.

　어느 날은 멋진 시를 적어 보내기도 하고, 또 어느 날은 감미로운 음악 파일을 화면에 링크해서, 메일을 열면 글을 보면서 멋진 음악을 들을 수도 있었다.

　아내는 친구들의 컴퓨터 선생님이 되었다. 아내가 남수 씨가 보낸 메일을 몇 개 보여주었더니 부럽다고 난리였다는 것이다.

　남수 씨는 요즘 시집이나 에세이집을 열심히 읽고 있다. 아내에게 좀 더 멋진 사랑의 말을 들려주고 싶어서다. 남수 씨는 문득 옛날 생각이 나서 혼자 슬쩍 웃었다. 아내에게 처음 고백 편지를 쓰려고 밤새 끙끙대던 젊은 날이 떠올라서였다.

　두 사람은 이메일을 통해 작은 생활의 기쁨을 발견하는 방법을 배웠다.

7 남편을 위한 아내의 요리 블로그

지원 씨의 블로그는 요리를 좋아하는 사람들 사이에서 꽤 알려져 있다. 그녀가 소개하는 레시피는 쉽고 간단해서 요리에 취미가 없거나 서툰 사람들도 잘 따라할 수 있었다. 요리의 문턱을 낮춘 것이다. 하지만 그녀가 처음부터 요리를 잘한 건 아니었다.

결혼 초기에 지원 씨의 음식 솜씨는 정말 먹기 힘든 정도였다. 그 동안 요리다운 요리를 해 본 적이 없었기 때문이다. 지원 씨의 어머니는 시집가면 죽도록 할 일이라며 지원 씨에게 부엌일을 시키지 않았다. 지원 씨 역시 귀찮고 시간이 없다는 이유로 부엌일을 배우려 하지 않았다. 혼수로 그릇이며 냄비들을 살 때만 해도 '부엌일이야 닥치면 다 하게 되는 거겠지' 하는 마음이었다.

그런 그녀가 신혼여행을 다녀오고 처음 부엌에 들어가 요리를 하겠다고 나섰으니 잘 될 리가 없었다. 난생 처음으로 아침밥을 준비하러 들어간 주방은 지원 씨에게 너무나 낯선 곳이었다. 밥은 어떻게 해야 하는지, 국은 또 어떻게 끓여야 하는지 전연 몰랐다. 그래서 지원 씨는 식빵과 잼을 꺼내 출근하는 남편의 아침을 준비할 수밖에 없었다.

"나 빵 싫어하는 거 알면서… 이거 먹고 어떻게 일하라고."
"내가 할 줄 아는 게 없는 걸 어떡해?"
"그럼 전화를 해서 물어보든가 하지 않고."
"……"
"어휴, 알았어. 오늘은 그냥 먹을게. 그런데 내일도 빵 줄 거면 그냥 차리지 마. 난 빵 먹으면 하루 종일 속이 안 좋아."
"알았어. 저녁에는 밥 해 놓을게. 한 번만 봐 주세요. 서방님!"

지원 씨는 투덜거리는 성우 씨를 달래 출근시키고 부엌으로 들어갔다. 쌀을 씻어 전기밥솥에 넣고 취사 버튼을 눌러보았다. 물을 어느 정도 넣어야 될지 몰라서 많으면 좋지 하고 가득 넣었더니 멀건 죽이 되어 버린 게 아닌가! 밥을 옮겨 담고 물을 아주 조금만 넣어서 다시 시도해 보았더니 이번에는 푸석푸석한 밥이 되어 버렸다.

두 밥을 대충 섞어 놓고 이번에는 미역국을 끓여 보려고 미역을 물에 담가 놓았다. 미역이 어느 정도 불어나는지 몰랐던 지원 씨는 미역 한 봉지를 다 물에 넣어 버렸다. 그랬더니 얼마 후 냄비 한 가득 미역이 넘쳐 났다. 어쩔 수 없이 미역무침까지 만들어야 했다.

그날 저녁 상우 씨가 퇴근할 때까지 지원 씨는 이런 식으로 하루 종일 부엌에서 씨름을 했다. 오기도 생기고 남편에게 맛있는 음식을 만들어 주고 싶다는 생각에 하루 종일 부엌에 있었던 것이다.

"언제 이렇게 많이 만든 거야?"

"당신 먹으려고 내가 오늘 하루 종일 만들었지. 먹어 봐. 나는 맛 보느라 하도 먹었더니 이젠 맛도 모르겠어. 이럴 줄 알았으면 결혼하기 전에 좀 배워 놓을 걸."

성우 씨는 지원 씨가 하루 종일 만들었다는 음식을 맛보았다. 푹 퍼져 식감이 없는 밥, 짜기만 하고 무슨 맛인지 알 수 없는 국, 얼마나 무쳐댔는지 대가리가 다 떨어진 콩나물무침, 푹 익혀 젓가락으로 집자마자 뚝뚝 끊기는 시금치무침….

하지만 성우 씨는 아무 말도 하지 않고 묵묵히 음식을 먹었다. 애써 미소도 지어 보였다. 음식은 삼키기 힘들 정도로 너무 맛이 없었지만, 자신을 위해 부엌에서 하루 종일 씨름한 훈장으로 손가락마다 밴드를 붙이고 있는 지원 씨의 또랑또랑한 눈망울을 보고 있으려니 차마 뭐라고 할 수가 없었다.

"맛있다. 이거 하루 종일 준비하느라고 힘들었지? 맛이 괜찮은 데 자기 정성 때문인가…."

"정말이야? 난 첫날부터 당신 싫어하는 빵 먹여 보내 놓고 마음이 너무 아팠어."

"밥도 할 줄 모른다는 사람이 무슨 수로 갑자기 맛있는 음식을 해 주겠다고 했어?"

"사실 요리는 어떻게 되겠지 생각했어. 그런데 막상 해 보니 생각만큼 쉽지가 않더라고. 그래서 엄마한테 전화해서 설명을 대충 듣고 했어. 그리고 이거…"

지원 씨가 작은 수첩을 보여 주었다. 반찬이나 요리 이름이 귀여운 글씨체로 빼곡히 적혀 있었다.

"꼬막 무침, 고등어 찜, 잡채, 계란말이… 이게 뭐야?"

"오늘 어머님께 전화해서 당신이 잘 먹는 반찬 여쭈어 봤지. 여기 적혀 있는 거 내가 다 만들어 줄게. 처음에는 좀 힘들겠지만. 암튼, 기대해 줘."

"그래, 당신은 똑똑하고 손재주도 있으니까 요리도 금방 배울 거야. 오늘 음식도 처음 한 사람치고 정말 잘했어."

지원 씨는 성우 씨의 격려의 말에 용기를 얻어 친정어머니와 시어머니에게 요리를 배우러 다녔다. 양가 어머니는 각자 잘하시는 요리가 달랐다. 친정어머니는 찜이나 국을 잘하시고, 시어머니는 전과 무침을 맛있게 만드셨다. 지원 씨는 두 집 요리의 장점을 열심히 배웠다. 그러다 보니 자연히 요리 솜씨가 늘게 되었다.

이제 만족스럽게 아내의 요리를 즐기게 된 남편 성우 씨가 지원 씨에게 제안을 했다.

"당신도 블로그 만들래?"

"블로그?"

"응. 거기다 뭘 쓰지?"

"당신 요리 일기를 싣는 거야. '초보 주부를 위한 요리 특강', 뭐 이런 거 해 보면 좋을 것 같은데, 당신 요리 솜씨도 알리고, 요리 초보자들에게 도움도 주고 말이야."

"좋긴한데, 내 실력으로 가능할까?"

"당신은 요리만 해. 내가 관리해 줄게. 옆에서 요리 중간 과정 사진도 찍어 줄게. 사진이랑 글을 함께 올리면 반응이 좋을 거야."

"그대로 따라했는데 맛없다고 하면 어떡하지?"

"당신 음식이 얼마나 맛있는데 그래. 맛은 내가 보증할게."

성우 씨는 지원 씨에게 다시 용기를 북돋아줬다. 마침내 지원 씨는 블로그를 개설했다. 블로그에 자신이 만든 요리들의 사진과 요리 순서, 남편의 음식평을 올리기 시작했다. 자신과 같은 초보들에게 힘을 주기 위해 처음에 요리를 망친 이야기나 조언도 함께 써 내려갔다.

"여보, 이거 봐! 댓글이 이렇게 많이 달렸어!"

"어디, 정말이네."

두 사람은 저녁마다 함께 블로그에 달린 답변과 질문을 확인하며 기뻐했다.

'맛있어 보여요.'

'오늘 남편과 애들이랑 도전해 봐야겠네요.'

'주인장님이 요리 초보였다는 게 믿기지가 않네요. 저도 곧잘 할 수

있을 것 같아요.'

그러다가 지원 씨는 댓글 하나에 시선이 갔다.

'남편 분을 사랑하시는 마음이 느껴져서 음식이 더 맛있어 보이는 것 같네요.' 등등.

"그래! 바로 이거야!"

지원 씨는 자신의 블로그를 '남편을 위한 사랑의 레시피'라는 방향으로 잡았다. 남편에게 해준 요리의 레시피와 함께 남편과 그날 있었던 일, 싸웠다가 화해한 일 등을 함께 써 나갔다. 지원 씨의 사는 이야기가 더해진 요리 블로그는 주부들의 공감을 얻어 금세 유명해졌다.

"오늘 잡지사에서 전화 왔어."

"왜? 뭐라고…."

"내 블로그에 실린 요리와 글을 한 달에 한 번씩 잡지에 싣자고 하더라고. 반응이 좋으면 출판까지도 생각해 볼 수 있다던데."

"정말? 와… 잘됐다!"

"이게 다 당신 덕이야. 당신이 내 음식을 타박하지 않고 잘 참아 줘서 내가 즐거운 마음으로 요리를 계속할 수 있게 해줬어."

"당신이 매일매일 그렇게 열심히 만드는 음식을 가지고 어떻게 뭐라고 해? 당연히 맛있게 먹어야지. 내 여자가 나를 위해 음식을 만들려고 노력하는 모습이 얼마나 예쁘고 감동적이었는데."

"여보, 이제는 사실대로 말해 봐. 내 맨 처음 요리 어땠어?"

"사실 이제 와서 하는 이야기지만, 정말 별로였어. 하지만 하루 종일 부엌에서 씨름해 피곤한 당신이 눈을 반짝이면서 나를 바라보는데 어찌나 고맙던지. 그 모습 보면서 차마 못 먹겠다는 말은 더더욱 할 수 없었고."

지원 씨는 자신의 요리가 서툴렀던 그 때, 만약 성우 씨가 칭찬과 응원을 해주지 않고 화를 냈다면 어땠을까 상상해 보았다. 물론 지원 씨는 이제 가정주부가 되었으므로 어찌됐든 요리를 잘하려고 노력은 했을 것이다.

하지만 남편을 사랑해서 맛있는 음식을 먹여 주는 예쁜 아내가 아니라 남편의 잔소리를 면하느라 하루하루 눈치를 보고 스트레스에 시달리는 아내가 되어 있었을 것이다. 그런 신혼 생활을 상상하니 너무 기가 막히고 끔찍했다.

칭찬은 고래도 춤추게 한다는 말이 있다.
성우 씨의 아낌없는 격려와 지지가 없었다면, 지원 씨의 요리 솜씨는 물론 블로그도 존재할 수 없었을 것이다.
지금 당장 아내의 장점을 찾아 칭찬하자. 칭찬은 칭찬을 낳고 결혼 생활을 행복으로 가득 채워 줄 것이다.

8 주말 부부, 월화수목금… 아내의 레시피

영한 씨와 미란 씨는 주말 부부다.

영한 씨는 지방에 있는 연구소에서 일하고, 미란 씨는 광고 회사 디자이너다. 떨어져 있는 시간이 많은 이들 부부는 결혼 5년이 지났지만 늘 신혼처럼 알콩달콩 살아가고 있다.

남편 영한 씨는 평일에 혼자 아이를 기르는 미란 씨에게 늘 미안한 마음이다. 아이들이 어려 아빠의 손길이 많이 필요한 시기라는 것을 알면서도, 육아를 아내에게 맡겨 놓았기 때문이다. 미란 씨 역시 혼자 지내는 남편의 식사를 챙길 수 없다는 점이 늘 마음에 걸렸다. 영한 씨는 위가 좋지 않아서, 식당에서 조미료가 많이 들어가거나 너무 매운 음식을 먹으면 쉽게 탈이 나서 며칠씩 고생했다. 이런 사실을 잘 아는 미란 씨는 어떻게든 남편이 스스로 밥을 지어 먹을 수 있게 해야겠다는 생각이 들었다.

처음에는 밑반찬을 만들어서 잔뜩 싸 보내기도 했지만, 입이 짧은 남편은 밑반찬을 많이 먹지 못하고 남기는 게 더 많았다. 번번이 남은 반찬을 버리는 게 아깝다며 만들지 말라고 했다. 며칠 동안 궁리를 한 미란 씨는 남편이 스스로 요리를 할 수 있게 도와야겠다는 생각을 했다. 그래서 간단하면서도 맛있는 음식을 만들 수 있는 레시피가 담긴 요리 편지를 쓰기로 했다.

월요일

여보, 많이 피곤하죠?

이른 새벽 집을 나서서 곧바로 연구실로 출근했나요. 지금까지 눈코 뜰 새 없이 바쁘게 일을 했겠죠? 배는 고프지만 손 하나 까딱할 힘도 없어서 오늘 저녁은 라면이나 끓여서 때워야지…. 혹시 이런 생각을 하고 있지는 않나요? 간편하긴 하지만 라면을 먹고 나면 속이 편치 않아 고생하게 되잖아요.

이 편지를 읽고 5분쯤 가만히 누워서 쉬었다가 일어나서 쌀을 씻으세요. 그리고 전지밥솥에 넣고 취사 버튼을 누른 다음에, 보글보글 된 장찌개를 끓여 드세요.

냉장고에서 양파, 감자, 호박, 두부를 꺼내 납작납작하게 썰어 놓고요. 쌀뜨물에 멸치와 다시마를 넣고 끓이다가 끓기 시작하면 다시마는 건져내세요. 그리고 된장을 풀어주세요.

국물을 끓기 시작하면 썰어 놓은 야채들과 두부를 넣어 보글보글 끓이세요. 어때요! 금방 구수한 된장찌개가 완성됐죠?

당신의 솜씨에 저의 사랑이 더해진 된장찌개라면 월요일의 피로도 싹 풀릴 거예요.

화요일

여보, 오늘은 어떤 하루였나요?

지친 몸을 이끌고 맞아주는 사람 없는 빈 집에 들어갈 당신을 생각하면 마음이 아파요. 그래도 바로 지은 밥에 얼큰한 김치찌개를 먹고 나면 조금은 기운이 나실 거예요.

김치찌개를 끓일 때는 김치 양념을 조금 덜어내는 게 더 맛있답니다. 송송 썰어놓은 김치와 돼지 목살을 넉넉히 넣어 고기가 익을 때까지 달달 볶은 다음에 물을 붓고 끓이기만 하면 됩답니다. 싱거우면 소금을 조금 넣어 간을 맞추고요.

그리고 물에 불려 놓은 당면을 넣어 한소끔 끓어내도 맛있답니다. 당신을 그리워하는 저와 아이들의 마음까지 넣어서 맛있게 드세요.

수요일

여보! 저는 일주일 중 수요일이 가장 좋아요. 왜냐고요?

당신과 제가 처음 만나 미팅한 날이 수요일이잖아요. 당신 잊고 있었죠? 그래도 괜찮아요. 제가 기억하고 있으니까요.

오늘은 감자조림을 만들면 어떨까요? 감자로 만든 음식을 좋아하는 당신께 바로 만든 감자조림이 얼마나 맛있는지 알려드리고 싶어요.

감자는 껍질을 깎아서 큼직큼직하게 썰어 놓으세요. 냄비에 감자를 담고, 간장과 설탕을 넣고 감자가 잠길 때까지 물을 부어서 끓이세요. 국물이 졸면 고소한 깨소금도 듬뿍 뿌리세요.

당신은 별일도 아닌데 까르르 잘 웃는 저를 의아해 하면서도 좋아했잖아요. 그래서 이번 감자조림에는 제 웃음소리도 넉넉하게 넣었어요. 감자조림과 함께 갓 지은 밥 먹고 오늘도 활력 충전…. 잊지 마세요!

목요일

요즘은 우리의 인생이 비빔밥 같다는 생각을 한답니다. 고소한 콩나물에 쌉사래한 도라지와 취나물. 아삭거리는 무생채 같은 나물에 고추장과 참기름, 깨소금까지 듬뿍 넣어 먹는 비빔밥에는 정말 다양한 맛이 나잖아요.

그래서 저는 비빔밥을 먹을 때면 당신과 만나 지금까지 살아온 날들을 되돌아보곤 해요.

처음 만난날의 느낌과 서로의 사랑을 확인하고 기뻐했던 일, 또 결혼을 약속했던 카페, 우리의 결혼식과 소중한 아이들이 태어나던 순간까지도 말이에요. 당신과 살면서 힘든 일도 많았지만 되돌아보면 좋았던 기억만 떠올라요. 힘들었던 순간이나 행복했던 날이나 다 마찬가지로 제게는 소중하고 귀한 시간이랍니다. 그 시간이 있기에 당신과 떨어져 지내는 오늘을 씩씩하게 견딜 수 있으니까요.

여보, 오늘 저녁은 비빔밥, 어떠세요? 괜찮기는 한데 나물을 만드는 건 어렵다고요? 아무 걱정 마시고 냉장고를 열어보세요. 당신이 떠나는 날 아침 싸드린 반찬통 있지요? 거기에 콩나물, 취나물, 도라지 무침, 고사리 나물이 조금씩 남아 있을 거예요.

오늘 메뉴를 위해 넉넉히 담았거든요. 자, 큰 그릇에 밥을 담고 남은 나물을 모두 넣어서 고추장과 참기름, 깨소금을 넣어 비벼서 한 입 가득! 우리가 살아온 날들이 생각나지요?

금요일

드디어 금요일입니다.

저와 아이들은 금요일이 되면 아빠를 맞이할 준비로 바쁘답니다. 아이들은 아빠에게 들려줄 이야기를 준비해 놓고 당신을 기다리지요. 저 역시 당신과의 만남을 생각하면 가슴이 설렙니다. 당신 역시 내일 오후면 만나게 될 가족을 생각하면 행복해지지요?

월요일부터 오늘까지 당신은 참으로 많이 지쳐 있겠지요. 몸도 마음도 스트레스에 절어 있을지도 모르겠다는 생각이 듭니다. 오늘은 당신의 몸과 마음을 시원하게 풀어줄 북엇국 끓이는 법을 알려 드릴게요.

북엇국을 맛있게 끓이려면 먼저 북어에 참기름과 마늘을 조금 넣고 볶아야 해요. 그 다음에 물을 부어야 뽀얀 국물이 우러난답니다. 국물이 끓어오르면 달걀을 풀어 넣는 것과 소금으로 간을 맞추는 것도 잊지 마세요. 뜬금없이 소금이 없다면 이처럼 맛있는 북엇국을 맛볼 수 없을 거라는 생각이 듭니다.

그래요. 당신은 우리 가족에게는 소금과 같은 사람입니다. 당신이 건강해야 우리 가족 모두 행복할 수 있다는 거 아시죠? 북엇국 맛있게 드시고 내일은 저와 아이들이 기다리는 집으로 한 걸음에 달려오세요. 그럼 우리 내일 만나요. 사랑해요.

미란 씨의 월화수목금… 아내의 레시피는 지금도 계속되고 있다.

영한 씨는 그 편지에 담긴 아내의 레시피대로 혼자 음식을 해먹기 시작했다. 위의 통증이 사라진 것은 물론이고 부부의 사랑도 더욱더 커져만 갔다.

9 된장찌개와 장미꽃 한 송이

'뚜벅, 뚜벅, 뚜벅.'

나에게 저녁 식사 때가 다가왔음을 알려 주는 익숙한 구두 발자국 소리가 들렸다.

다른 날 같으면 자동으로 몸이 일어나 부엌에 가서 가스레인지에 불을 켜고 반찬도 준비하고 했었겠지만, 오늘은 왠지 화장대 앞에 서서 머리를 매만지고 립스틱을 살짝 덧바르고 싶어졌다.

오늘 아침의 일이었다.

강의 시작 전에 만날 사람이 있다며 새벽부터 서두르는 남편을 내 몸이 피곤하다고 빈속으로 출근시켰다. 현관문 사이로 졸음이 묻은 얼굴만 빼꼼 내밀고 '다녀와요'라고 건성으로 인사를 하고 들어가다 나도 모르게 문득 거울에 비친 내 모습을 보았다.

다 풀어진 파마 머리, 기름기 흐르는 얼굴, 여기저기 잡히는 군살, 편하다고 입은 펑퍼짐한 고무줄 치마…. 그곳에는 '아이들 키우고 집안일에 치여 자신을 가꿀 시간은 전혀 없다'라며 핑계만 대고 살았던 일그러진 얼굴이 보였다. 내 스스로가 내 얼굴을 외면하고 싶어질 정도니 남들은, 특히 남편은 나를 어떻게 볼지 생각하니 몹시 우울해졌다.

이 우울한 기분은 아름답지 못한 얼굴만이 그 이유는 아니었다. 이렇게 나를 가꾸지 못한 만큼 내가 아이들과 남편에게 희생하고 사랑을 주었나를 돌아보니 확신이 들지 않아서였다.

그래, 오늘 하루는 더 힘내서 남편을 맞이하자.

'곱게 단장하고 손님을 맞이하는 안주인의 모습'으로.. 그렇게 해서 만약 남편이 내게 용기를 북돋아 주고 칭찬을 해준다면 무엇보다 기쁠 것 같았다.

나는 하루 종일 힘을 내서 대청소를 하고 남편이 좋아하는 요리를 해서 상을 차렸다. 그리고 오랜만에 예쁜 원피스를 꺼내 입고 옅게 화장도 하고 남편을 기다렸다.

'띵동, 띵동.'

오래간만에 꾸민 모습에 스스로 어색해서 나는 주저하다가 문을 열었다.

"다녀왔어요?"

남편이 의아한 눈으로 날 바라보고 있었다.

"오늘 어디 외출했었어…."

"아니."

그 눈빛을 재미있게 바라보는 나에게 남편은 "배고프다, 얼른 밥 먹자."하고 신발을 휙 벗고 들어가버렸다.

나는 민망스러워 남편의 뒷모습만 바라보았다. '뭐가 손발이 맞아야지….' 이렇게 한껏 꾸몄는데 뭐라고 한마디라도 해주지 하며 돌아서서 들어가려다 남편이 벗어놓은 뒤집힌 구두를 보았다. 뒤축이 한쪽으로 몹시 닳아 있었다. 거기에는 남편의 삶의 현장이 그대로 담겨 있었다. 힘들고 고달픈 남편의 삶의 이력이 말이다.

구두를 보며 오늘은 남편을 위해 봉사하고 위로해야지, 다시 마음을 다잡으면서 부엌으로 들어오니, 남편이 내 눈치를 살폈다.

"오늘 무슨 날이야?"

"아니."

"그럼 집에 손님이 와?"

"아니. 이 밤중에 무슨…."

"그런데 반찬이 왜 이리 많아?"

"많긴, 우리 식구들하고 맛있게 먹으려고 했지."

남편은 뭐가 뭔지 모르겠다는 표정이었다.

"당신 저녁 먹고 어디 나가?"

"아니."

"그런데 왜 그런 옷을 입었어?"

"그냥 당신한테 예쁘게 보이려고 입었지."

남편이 뚫어지게 쳐다보는 눈길이 어쩐지 어색해서 난 고개를 숙이고 말았다.

남편은 국과 반찬을 뜨며 식사를 시작했다.

"천천히 먹어. 뭐가 그렇게 급해…."

"나 오늘 종일 굶었어."

그러고 보니 남편의 눈이 쑥 들어가 있었다.

"아니, 왜?"

"아침엔 약속이 있었고, 강의 끝내고 나니 점심시간이었는데 병원에 갈 시간이 촉박해서 바로 병원에 갔지 뭐야."

"그럼 병원에서 뭘 좀 먹지 그랬어."

"그럴 시간이 있나? 그래서 겨우 참았다가 병원문을 나서자마자 근처 음식점을 찾았지. 음식점 문이 자동으로 스르륵 열리는 거야. 그래서 얼떨결에 들어갔는데…."

남편은 뭐가 우스운지 웃느라 말을 잇지 못했다.

"왜 웃어?"

"있지, 여보. 내가 오늘 얼마나 바보 같았는지 알아? 딱 식당에 들어가 보니 인테리어도 아주 멋지게 해놓은 고급 식당이었던 거야. 잘 차려입은 웨이터가 안내까지 하니까 괜히 기가 죽더라고. 그런데다 메뉴판을 보고 나니까 들어온 게 후회되는 거야. 그래서 깜박 잊고 온 일이 있다고 말하고 그냥 나왔지 뭐야, 하하…."

남의 말하듯 하는 남편을 보니, 가슴 저 밑에서부터 무언가 울컥 치밀어 올라왔다.

"비싸 봐야 얼마나 한다고 그랬어. 그냥 먹지. 아침도 안 먹은 사람이…."

핀잔주듯 말했지만 나도 모르게 눈물이 그만 뚝뚝 떨어졌다.

"이 사람이 울긴 왜 울어? 내가 비싸서 안 먹은 줄 알아? 한번이라도 나 혼자 그런 고급 식당에 가 봤어야지. 늘 우리 가족 아니면 친구들하고 갔었지. 그땐 자연스럽고 편했는데 혼자 가니까 어색해서 나온 거야. 어서 눈물 닦아."

이렇게 말하는 남편에게서 '나'라는 존재보다는 '가족'이라는 공동체를 아끼고 중요하게 생각한다는 것을 알 수 있었다. 그동안 가족을 위해 일에만 매달리느라 남편은 '나를 위해서'라는 생각은 잊고 살아온 것이다.

양복 한 벌 마음 놓고 사 입지 못하는 간 작은 남자, 선뜻 먹고 싶은 음식 한 가지도 손을 내밀지 못하는 구두쇠로 변해버린 한 남자인 것이다. 가족을 위해 희생하고 '나를' 잊어간다는 점에서 나와 남편은 같은 아픔과 같은 고민을 안고 있는 쌍둥이였던 것이다.

"여보! 우리 아이들 공부시키고 밥 먹이느라 너무 고생 많이 했다. 그치? 당신 얼굴이 까맣게 된 것 봐…. 여보! 정말 고마워."

"당신 왜 그래?"

"그냥, 당신이 우리 가족 위해 너무 고생하고 애쓰는 것 같아서 고맙고 미안하고 그래. 여보, 사랑해."

그날 밤 우리의 작은 파티는 지친 서로의 마음을 위로해 주는 사랑의 시간이 되었다. 힘든 순간에도 서로를 위해 존재할 때, 더불어 함께 할 때가 행복하다는 것을 다시 한 번 느끼는 시간이었다.

"여보, 사랑해!"

남편은 아무 말 없이 피식 웃기만 했다. 그날 저녁 우리의 만찬 식탁에는 따끈한 된장 찌개와 함께 장미꽃 한 송이가 꽂혀 있었다. 마치 우리의 따뜻한 위로와 예쁘고 소중한 사랑처럼….

10 남편과 함께 보내는 처가의 명절

명절을 앞둔 은희 씨는 머리가 아팠다.
며느리기 때문에 당연히 명절은 시댁에서 보내야 한다는 남편과 무남독녀인 자신을 시집보내고 외로이 계실 부모님을 생각하면 몸을 둘로 나누고 싶은 심정이었다. 결혼 이후 은희 씨에게 명절은 더 이상 즐거운 날이 아니었다.

"올 추석은 우리 집으로 가자."
"뭐?"
"당신 집은 형제가 많으니까 명절에 가면 잘 곳도 없이 북적이지만, 우리 부모님은 나 하난데 나 시집보내고 두 분이서 얼마나 쓸쓸하시겠어…."

"그래서 제사만 지내고 명절 당일 오후에는 바로 출발하잖아. 그런데 뭐가 불만이야?"

"추석 전에 엄마 일 도와드리고 당신이 아버지 말벗도 해 드리면 얼마나 좋아? 당신 집이야 동서에 형님들 그리고 아가씨들까지 다 오잖아."

"다들 모이는데 어떻게 우리만 빠져?"

"그날만 모이는 거 아니잖아. 한 달에 한 번씩 모여서 점심 먹잖아. 그러니 이럴 때는 당신이 먼저 우리 집 좀 배려해 주면 안 돼?"

"한 달에 한 번 모여 밥 먹는 거하고 명절하고 어떻게 같아?"

남편은 은희 씨의 생각은 조금도 이해해주지 않았고 양보하지도 않았다. 은희 씨는 남편의 태도에 서운함을 넘어 점점 화가 났다. 하지만 다시 꾹 참고 말을 이어갔다.

"조금만 생각을 달리 해 봐. 내가 명절마다 우리 집에 먼저 가자는 얘기는 아니잖아? 추석에는 우리 집에 먼저 가고, 설에는 당신 집에 먼저 가면 어때? 그 정도는 괜찮잖아…."

"몰라. 당신 알아서 해. 나는 우리 집 갈 테니까."

은희 씨의 화가 결국 터졌다.

"당신이 안 가면 나 혼자라도 우리집 갈 테니까 그렇게 알아, 어머님도 너무하셔. 우리 집에 두 분만 계시는 거 알면서 그 정도의 배려는 해 줘야 하는 거 아니야? 알아서 먼저 다녀오란 말씀을 해 주시면 얼마나 좋아."

"당신 그렇다고 우리 어머니한테 뭐라고 하는 건 내가 듣기 기분 나빠, 그렇게 가기 싫으면 가지 마."
"그래, 알았어."

은희 씨 부부는 해마다 명절 때면 이런 식으로 말다툼을 했다.
무남독녀인 은희 씨가 결혼을 한 뒤로 은희 씨 부모님은 두 분이서만 명절 준비를 하신다. 해마다 명절 때면 두 분이서 썰렁하게 명절 준비를 한다고 생각하니 은희 씨는 가슴 한쪽이 무거웠다. 부모님 두 분만 계신 줄 뻔히 알면서도 배려해 주지 않는 남편이나 시부모님이 못내 야속했다.
은희 씨와 남편 동우 씨는 며칠 동안 서로 등을 돌리며 찬바람이 횡횡 부는 생활을 했다. 어쩐지 서로 양보할 마음이 생기지 않았다. 은희 씨는 남편이 자신과 부모님의 마음을 이해해 주기를 바라는 마음으로 말을 시작했지만, 동우 씨는 은희 씨의 마음을 전혀 이해하려고 하지 않았다. 한 번이라도 은희 씨 입장에서 생각해 보고 대화했다면, 두 사람 사이가 이렇게까지 냉랭하게 되지는 않았을 것이었다.

"정말 안 갈 거야?"
"당신 혼자 가."
"그럼 당신은?"
"나는 우리 집에 간다니까."

은희 씨는 이번만큼은 자신의 뜻을 굽히지 않았다. 이번에 굽히면 절대로 친정에 먼저 갈 수 없다는 생각으로 자신의 고집을 밀고 나가기로 했다.

하지만 남편이 차갑게 뒤돌아서자 서럽고 속상한 마음에 눈물이 흘렀다. 은희 씨는 곧 옷소매로 눈물을 쓱쓱 닦고 친정으로 나섰다. 친정에 도착하니 은희 씨 부모님은 갑작스러운 딸의 방문에 놀라면서도 반가워했다.

"엄마, 우리 시장에 가자."
"그런데 김 서방은?"
"김서방은 내일 온대."
"뭐? 너희 싸웠니?"
"아니. 그 사람이 나 보고 먼저 집에 가서 음식 준비하는 것도 도와드리고 있으래. 엄마 아빠 두 분만 계시면 적적하다고."
"그래? 시부모님 허락은 받았고?"
"응. 당연하지. 내가 일찍 오니까 좋지?"
"그래. 너 시집간 뒤로 아빠랑 둘이서 준비하자면 그렇게 쓸쓸해서 너희 내외 오기만 기다리고 그랬지. 너라도 이렇게 오니까 사람 사는 것 같아서 좋다."

은희 씨가 시장에서 돌아오니 아버지와 남편 동우 씨가 바둑을 두고 있었다.

"어, 당신… 왜 이렇게 빨리 왔어?"

"바늘 가는 데 실 가라고 하시더라."

동우 씨가 눈을 찡긋하며 은희 씨에게 말했다. 은희 씨는 반가움과 걱정이 교차했다.

"당신, 나 좀 잠깐 봐."

은희 씨는 동우 씨를 데리고 현관 밖으로 나갔다.

"어떻게 된 거야? 내일도 안 올 것처럼 나가버리더니?"

"어떻게 되긴, 어머니가 바늘 가는 데 실 가라고 하셨다니까."

"어머님한테 뭐라고 말했는데 그렇게 말씀하셔?"

"사실 집으로 차 몰고 가면서 생각해 보니까 내가 너무 이기적이었더라고. 나는 단순히 당신이 우리 집에 가는 것 자체가 싫어서 그런 거라고 여기고 서운했는데 생각해 보니까 장인·장모님이 그동안 명절 때 참 적적하셨을 것 같더라고. 그래서 당신 마음 생각해 보니까 너무 미안해지더라고, 그래서 차돌려서 이리로 왔지."

그날, 동우 씨는 뒤늦게나마 미안한 마음에 차를 돌렸고, 집에는 전화로 알렸던 것이다.

"어머니, 올 추석은 장인·장모님 댁에 먼저 갈게요."

"왜? 무슨 일 있냐."

"일은 없고요, 명절인데 처가에 장인·장모님 두 분만 적적하게 계셔서 저희라도 먼저 가보려고요."

"그래, 그렇게 해라. 진작 그렇게 했어야 하는데, 내가 생각을 못했구나. 잠깐만, 아버지가 바꿔 달라신다."

"네, 아버지, 올 추석은 처가에 먼저 다녀오겠습니다. 죄송해요."

"갈 때 빈손으로 가지 말고 과일이라도 한 박스 사 가거라."

이렇게 말한 동우 씨의 얘기를 듣고, 은희 씨가 놀란 듯 물었다.

"어머님 아버님이 정말 그렇게 말씀하셨어?"

"응."

"부끄러워서 어떡하지? 난 두 분이 우리 부모님 배려해 주시지 않는다고 원망만 하고 있었잖아. 말씀드리고 상의했으면 충분히 이해해주셨을 텐데, 내가 두 분을 오해하고 있었어. 당신한테도 미안…."

"당신이 그러니까 내가 더 민망하잖아. 당신이 미안할 게 뭐야? 내가 좀 더 넓게 생각했다면, 당신이 명절마다 힘들지 않았을 텐데. 내가 미안하지 뭐."

"고마워, 여보!"

은희 씨는 이날따라 자신도 모르게 남편 동우 씨 품속에 안겨 들었다. 남편의 가슴이 더 없이 따뜻하게 느껴졌다.

동우 씨도 팔을 뻗어 아내를 세게 껴안았다. 행복은 이렇게 서로 이해하려는 노력이 있을 때 찾아오는 것이다!

11 임신한 어린 딸의 결혼

"다녀왔습니다."

딸이 현관 문을 살짝 열고 조심스럽게 인사를 했지만 아내는 '휭'하니 찬바람을 일으키며 방으로 들어가 버린다. 그리고는 침대에 돌아누운 채 꼼짝도 하지 않았다. 이제 대학 2학년, 학업을 잠시 중단하고 일찍 시집가겠다는 딸에게 아직도 화가 안 풀린 모양이다.

사실 처음 딸이 임신 사실을 알리며 결혼하겠다고 했을 때 너무나 놀랐다. 이제 막 꽃이 핀 예쁜 자식을 보내려니 속이 쓰릴 대로 쓰리고 남이 훔쳐가는 듯한 기분이 들어 예비 사위가 곱게 보이지도 않았다. 하지만 현실은 놀라서 손 놓고 있을 틈이 없었다. 어쨌든 뱃속의 아이는 하루하루 커가고 있지 않은가. 사돈 쪽에서 배가 부르기 전에 얼른

식을 올리자고 제의했다.

그러나 아내만은 이 결혼에 반대했다. '애가 어떻게 애를 낳느냐'는 것이다. 생선시장 가게를 하시며 유복자인 나를 낳아 기르시던 어머님께 호된 시집살이를 한 아내는, 뭐가 급해서 남들보다 빨리 시집을 가서 고생을 하느냐고 했다. 아내가 결혼 초기에 힘들어 한 것을 잘 알고 있기에, 나는 그저 아내를 달래는 것 외엔 방법이 없었다.

"함도 안 받고 시집가는 여자는 나밖에 없을 거야."

"몰라. 난 동네 창피해서 못 받으니까 그렇게 알아. 가지고 오려면 조용히 가져다 놓으라고 말해. 스무 살밖에 안 된 딸이 배불러서 시집간다고 표시내고 싶지 않으니까, 너 알아서 해…."

"엄마는 정말, 너무해."

"너무해… 누가 더 너무한데? 난 네가 더 너무하다. 내가 20년을 너만 바라보고 살았는데, 네가 날 이렇게 배신할 줄은 몰랐다."

"그럼 어떻게 하란 말이야? 결혼하지 말고 평생 엄마랑 살자는 얘기야?"

아내와 딸이 옥신각신하는 사이에 시간이 흘렀고, 딸은 무사히 식을 올렸다. 아내는 식장에서는 그래도 친척들의 눈이 있어서인지 최대한 밝은 얼굴을 하려 애썼지만, 결혼 사진을 찾아와서 정리하다보니 아내의 못마땅해 하는 얼굴이 여기저기 찍혀 있었다.

"아, 좀 웃고 그러지. 사진이 이게 뭐야?"

"웃을 기분이어야지 웃지. 내가 식장에 간 건 자식이 하나밖에 없으니까 간 거야. 자식이 하나만 더 있었어도 그 결혼식 안 갔어."
"이 사람, 아직도 그렇게 화가 났어?"
"아니, 사실은 내 마음을 나도 잘 모르겠어. 화가 났다기보다는 뭔가가 쑥 빠져나간 것 같아서 섭섭하고, 허전하고 그러네. 집안이 텅 빈 것 같아."
"그러게 좀 잘해서 보내지. 이렇게 후회할 걸 가지고 왜 그렇게 심통을 부렸어?"
"후회는 누가 후회한다고 그래? 괘씸한 기집애. 내가 저를 어떻게 키웠는데. 지금도 생각만 하면 울화가 치밀어 올라서 미치겠어."

딸아이는 결혼하고 한 번도 집에 오지 않았다. 결혼식으로 무리를 했기 때문에 의사가 안정을 취해야 한다고 말했다고는 하지만, 지금 딸아이는 제 엄마에게 시위를 하는 중이었다. 제 엄마 역시 딸의 시위를 알아차리곤 딸아이 집에 한 번도 가보지 않았다.
남편은 "내일 걔들이 식사하러 오라는데 가볼 거야?"하고 묻는다.
아내는 가슴을 두드리며 "안 가. 가서 나는 아프다고 전해줘."하고 말문을 닫는다.

일찍 퇴근한 나는 딸이 좋아하는 케이크를 사들고 딸과 사위의 집으로 갔다. 이젠 제법 배가 불러 임신한 티가 나는 딸이 나를 반기며 내

뒤를 살폈다. 엄마를 찾는 모양이었다.

"네 엄마는 몸살이 심해서 말이다. 임산부한테 감기 옮기면 안 된다고 집에서 쉰다고 하더라."

딸의 실망하는 얼굴을 보니 내 마음도 쓰려 왔다. 마냥 애들인 줄 알았던 딸은 벌써 어른이 되어 있었다. 깔끔하게 정돈하고 꾸며놓은 신혼집을 보니 그런 생각이 들었다. 게다가 언제 배웠는지 정갈한 음식들을 내어왔다. 결혼해서 하루도 못 살 것 같더니 내가 젊었을 때보다 더 현명하게 잘 사는 것 같았다.

딸네 집들이를 마치고 집에 가니 아내가 나를 붙잡고 물었다.

"그래, 잘 살고 있어요?"

"그렇게 궁금하면 가보지 그랬어?"

"내가 그 집엘 왜 가? 개도 우리 집엘 안 오는데, 괘씸한 기집애."

"의사가 안정 취해야 한다고 했다잖아. 그러다가 애라도 잘못되면 어쩌려고 이렇게 고집을 부려? 당신이 좀 들여다보고 챙길 거 있으면 챙겨 줘."

나는 더 이상 아내에게 딸을 찾아가 보라고 권하지 않았다. 대신 내가 퇴근 후 종종 딸의 집에 들러 맛있는 것을 사주기도 하고, 제 엄마의 근황을 알려 주기도 했다. 내가 딸의 집에 다녀온 날 아내는 어떻게 알았는지 눈치를 채곤 딸이 잘 지내는지 알고 싶어 했다.

어느 날 아내에게서 다급한 전화가 왔다.

당신, "빨리 병원으로 와요."

"내가 아니고 서현이가 아기를 낳으려고 해."

"뭐? 벌써… 알았어."

예정일이 보름이나 남았다고 했는데 어떻게 알았는지 사위보다 아내가 먼저 내게 전화를 했다. 이런저런 생각을 하며 병원에 도착하니 분만실 앞에서 아내가 서성대고 있었다. 아내도 놀랐는지 손이 떨리고 있었다.

"어떻게 된 거야?"

"아까 낮에 배가 아프다면서 전화가 왔어. 놀라서 달려가 보니까 애가 땀을 뻘뻘 흘리면서 진통을 하고 있더라고. 119에 전화를 해서 데리고 왔어."

"김 서방은?"

"하필이면 지방 출장이래. 지금 올라오고 있대."

"사돈께는 연락했고?"

"오고 계셔."

잠시 후 놀란 사돈 어른들이 도착했다.

"아니, 아기를 낳으려면 아직 보름 넘게 남았다더니 무슨 일이래요?"

"의사 선생님이 초산은 예정일보다 빨라질 수 있다고 말씀하시던데…. 순산을 해야 될 텐데…."

"그러게 말이에요. 어쨌든 사부인께서 애쓰셨네요."

"아니요. 아기 낳느라 진통하는 서현이가 고생이죠."

스무 시간 넘는 진통 끝에 아기를 낳았다. 건강한 딸이었다. 병실 앞을 지키던 우리는 안도의 한숨을 내쉬었다.

"어휴, 아들이 아니라서 섭섭하시지요?"

"아이고, 무슨 말씀을…. 아이 낳느라 수고한 며느리가 들으면 섭섭해 하겠어요. 전 손자도 좋고 손녀도 좋습니다. 건강하게 순산해 줬으니 얼마나 고마운지 모릅니다."

"사부인께서 그렇게 말씀해 주시니 제 마음이 한결 가볍네요. 저희 애가 아직 부족한 게 많지요. 이제 겨우 스무 살이라 뭘 가르칠 틈이 없었습니다. 그런데 벌써 엄마가 되었네요. 사부인이 잘 좀 가르쳐 주세요."

오랜 산고를 치르고 아이를 출산한 딸은 피곤한지 잠이 들었다.

나와 아내는 그런 딸의 얼굴을 잠시 보고 병실을 나와 집으로 돌아왔고, 아내는 침대에 걸터 앉아 울고 있었다.

"왜 울어. 무슨 일 생겼대?"

"일은 무슨 일, 그냥 내가 아직 마흔 여섯인데 할머니 소리를 들어야 하잖아."

"사람 참 놀라게 하기는. 그럼 당신이 할머니지, 아가씨냐? 쓸데없는 일로 사람을 깜짝 놀라게 해. 그럴 시간 있으면 잠이나 자. 내일 또 병원 가야지."

"당신도 이제 할아버지라고. 아직 오십도 안 돼서 할아버지 소리를 들으니 좋아?"

아내는 이렇게 말했지만, 내심 손녀가 생겨서 좋은 모양이었다. 배냇저고리며 이불이며 필요한 물건들을 사러 가자고 성화였다.

"걔들이 알아서 다 샀을 거야."

"이런 건 원래 친정 엄마가 해 줘야 하는 거예요."

"당신, 정말 이상해. 어제까지 안 본다고 펄펄 뛰더니만, 할머니가 되더니 갑자기 철이 든 거야?"

"사실, 어제 서현이한테서 편지가 왔어요."

아내는 가방을 뒤져 편지 한 장을 꺼냈다.

사랑하는 우리 엄마.

미안해. 정말 미안해!

지금 뱃속에서는 곧 태어날 아기가 우리 가족 모두와의 만남을 기다리며 평화롭게 놀고 있어.

아기의 움직임을 느낄 때마다 나는 행복해져. 이제 곧 나도 엄마가 되는구나 하고 말이야.

엄마, 나를 임신했을 때, 엄마도 나처럼 기뻐했어?

어젠 김 서방이랑 아이의 미래에 대해서 이야기했어.

교수, 의사, 변호사, 선생님, 간호사, 가수….

여러 가지를 생각해 봤어.

그런데 엄마, 단 한 가지는 안 된다는 생각을 했어.

나처럼 젊은 엄마가 되는 건 절대로 허락하지 않을 거야.

엄마 미안해.

내 결혼을 반대한 엄마의 마음 잘 알고 있어.

엄마 실망시켜서 미안.

대신 나 잘 살게. 엄마처럼 좋은 아내, 훌륭한 엄마가 될 거야.

엄마 사랑해.

"여보, 우리 딸 다 컸다, 그렇지? 이렇게 훌쩍 큰지도 모르고 애 취급만 했으니…."

"그래. 아직도 아기 같은데 이렇게 철이 들었네. 당신, 서현이 보고 싶어? 우리 내일도 서현이 보러 갈까?"

"그래요, 가다가 미역이랑 기저귀도 사야겠어."

이제 서현이는 제가 낳은 자식을 키우면서 엄마의 마음을 이해하게 될 것이다. 아내로서, 엄마로서의 새로운 삶을 시작한 것이다.

12 남편과 함께 쓰는 태교 일기

친구들 사이에서 남편과 나는 '무덤덤 부부'라고 불린다.

우리 둘 다 무뚝뚝한 편에 애정 표현을 잘 못하는 걸 알고 친구들이 연애시절부터 놀리느라 붙여준 별명이다. 아이러니하게도 이런 성격이 비슷해서 4년이나 연애를 하고 결혼에 골인했지만.

처음에는 이 남자가 정말로 나를 사랑하긴 하나 고민한 적도 있었지만 오랜 기간 사귀어 보고 같이 살아본 결과, 속이 깊고 말보다는 행동으로 보여 주려는 정이 깊은 남자였다.

내가 야근이라도 하고 들어 와서 옷도 갈아입지 않고 소파에 누워 있으면, 남편은 내가 잘 동안 소리도 안 내고 몰래 청소도 하고 빨래도 개켜 놓고 저녁을 차린다. 그냥 우렁총각 흉내 내봤다며 씩 웃고 마는 남편이 그럴 때는 얼마나 멋있는지 모른다.

하지만 내가 임신을 하고 입덧이 심해지고 난 뒤에는 사정이 좀 달라졌다. 쉽게 지치고 우울해져서 나도 모르게 남편에게 짜증을 내는 일이 많아진 것이다.

"여보, 오늘은 내가 회식이 있어서 당신 데리러 못 갈 거 같아. 내가 거래 잡은 회사 직원들이랑 만나는 자리라 빠지기가 어렵네. 꼭 택시 타고 집에 가."

임신한 이후에 내가 버스 냄새를 참기 힘들다고 했더니 남편은 거의 매일 나를 회사까지 데려다 주고 데리러 오곤 했다.

하지만 요즘 진행하는 계약일 때문에 이렇게 데리러 오지 못하는 때가 있었다. 사정을 알고 있는 만큼 내가 이해를 해주어야 하는데 나도 모르게 짜증이 나서 빽 소리를 지르고 말았다. 그리고 나서 집에 와서야 후회를 했다.

남편이 돌아오면 화를 내도 할 말이 없다고 생각하며 조마조마하게 남편을 기다렸는데, 퇴근한 남편은 화를 내기는커녕 내 배를 쓰다듬으며 나와 아기에게 다정한 말을 속삭였다.

"어휴, 콩돌아! 오늘은 왜 이렇게 엄마를 힘들게 하니? 엄마 너무 힘들게 하지 마라. 아빠가 더 힘들구나."

무뚝뚝한 자신의 성격까지 변화시키면서 나를 감싸주는 남편이 정말 고마울 따름이었다. 남편은 늘 이런 식이었다.

"아니야, 오늘은 우리 콩이 효도했어. 오늘은 밥 잘 먹고 토 한 번도 않았구나."

"그래. 우리 콩돌! 기특하게 엄마 밥 잘 드시라고 도와줬구나. 오늘처럼 엄마 안 힘들게 네가 도와줘. 사랑해, 우리 콩돌이."

내가 크게 감동을 받은 일은 임신 4개월 때였다. 남편이 선물이라고 내민 것을 열어 보니 예쁘고 화사하게 디자인 된 책이었다.
"임신에서 출산까지, 행복한 부부를 위한 태교 일기?"
"응, 우리 아기한테 좋은 추억 선물할 수 있는 게 뭐 없을까 싶어서…. 나랑 같이 써 보자."
"당신, 어떻게 이런 생각을 했어?"
"요즘 당신은 입덧 때문에 지쳐서 힘들고 정신이 없잖아. 엄마가 힘드니 아빠가 정신 바짝 차리고 챙길 건 챙겨야지."
"고마워, 여보 정말 고마워!"
내가 미처 생각지도 못했던 것까지 생각해 주는 남편이 고마웠다. 우리는 그날 일단 첫 페이지에 병원에서 받은 아기 초음파 사진을 붙여 두었다. 그리고 돌아가면서 아기에게 편지를 쓰기로 했다. 편지를 쓰면서 남편의 숨겨진 면을 또 하나 알게 된 것이 있는데, 남편은 말투는 무뚝뚝하지만 편지글은 더 없이 다정하고 따뜻했다.

건강하게 무럭무럭 자라는 우리 아기, 고맙다.
그런데 우리 아기가 오늘도 엄마를 좀 힘들게 하더구나.
나중에 얼마나 효도를 하려고 그러니?

엄마도 편안하게 해 주면 좋으련만.

힘들어 하는 엄마를 보면 아빠 가슴이 아프거든.

아가야, 아빠는 우리 아기랑 엄마를 생각하면 가슴이 벅차단다.

가끔 우리 아기와 엄마 아빠의 첫 만남을 상상하기도 하지.

상상만으로도 얼마나 가슴이 뛰는지 모른단다.

그리고 늘 생각한단다.

우리 아기랑 엄마를 위해 아빠가 뭘 해야 할지.

아빠는 우리 아기하고 엄마 모두 행복하게 해 줄 거야.

아빠만 믿고 건강하게 자라렴.

사랑한다. 우리 아기!

또박또박 깔끔하고 시원스런 글씨체로 쓴 편지에는 남편의 자상함과 사랑이 가득 담겨 있었다. 아기에게 쓴 글이었지만 거기에는 나에 대한 사랑도 묻어났다. 나는 감동에 젖어 남편의 편지를 읽고 또 읽었다.

남편의 정성과 사랑 덕분인지 아이는 무사하게 태어났다. 나도 건강을 회복했고 정이 넘치는 세 식구가 되었다.

남편은 아이를 정말 좋아했다. 주위의 몇몇 친구들은 출산 뒤에 남편의 무관심과 산후 우울증으로 힘들어했는데, 나의 경우는 그런 게 전혀 없었다. 임신 초기에 그랬던 것처럼 남편이 좀 더 애정을 표현해 주고 나를 배려해 주었기 때문이다. 아이를 씻겨 주고 재워 주고 하는 일을 나보다 더 좋아해서 오히려 내가 서운할 지경이었다.

남편이 변하니 나 역시 남편에게 감사와 사랑을 더 많이 표현하게 되었다. 고마울 때는 고맙다고 말하고, 사랑한다고 말하고, 남편의 넓은 가슴에 안기고… 좀 쑥스럽기도 하지만 기분은 좋았다!

이제 우리 부부의 별명은 더 이상 '무덤덤 부부'가 아니라 '살랑살랑 애교 부부다. 친구들이 입을 다물지 못하고 놀란다.

어떻게 하면 그렇게 변하냐고 비결을 묻는 친구들의 말에 나는 남편과 함께 태교 일기를 써 보라고 조언했다.

나와 남편은 지금 육아 일기를 쓰고 있다. 사랑이 담긴 남편의 '육아 일기'는 오늘도 계속되고 있다.

13 방송통신대학에 입학한 아내

영숙 씨는 그해 3월 방송통신대학교에 입학했다.

서른 중반이라는 적지 않은 나이에 오랫동안 미루어 온 공부를 다시 시작한 것이다. 처녀 시절 대학에 합격하긴 했지만 집안 사정이 여의치 못해 도저히 학업을 계속할 수 없을 정도로 힘이 들어서 중퇴를 해버리고 말았다. 그래서 대학 졸업장은 영숙 씨의 가장 큰 소원이었다.

이제 영숙씨는 방송통신대학 입학, 그처럼 원했던 공부를 다시 시작하게 되었지만, 마음은 그리 기쁘지만은 않았다.

"미안해, 여보. 이렇게 힘든 때에 혼자 이렇게 공부하게 돼서…."

"무슨 소리야. 우리 결혼할 때 내가 약속한 거잖아. 열심히 한번 해 봐."

남편은 승진에서 벌써 두 번이나 밀려나서 힘들어 하고 있었다. 거기다 두 아들, 딸도 각각 중·고등학생이라 학원비 지출이 많아졌다. 그런데 남편은 애들이 대학생이 되면 더 힘들어진다면서, 지금은 그래도 여력이 있으니 해보라고 영숙 씨를 설득한 것이다.

'그래, 남편이 이렇게 응원해 주는데 열심히 한번 해보자. 장학금을 받아서 남편 짐을 조금이라도 덜어줘야지.'

영숙 씨는 남편에 대한 미안함과 고마움으로 악착같이 공부에 매달렸다. 집안 살림하랴, 아이들 챙기랴, 공부하랴, 하루하루 힘든 날들이었다. 결국 건강 체질이 아니었던 그녀는 만성 피로에 시달리며 잔병을 달고 살았다.

어느날 저녁, 남편은 묵직해 보이는 비닐 봉지를 들고 들어왔다. 사골이었다.

"웬 사골이야? 당신 돈도 없을 텐데…."

"당신한테 이 정도도 못해 줄까 봐. 당신 중간고사 얼마 안 남았잖아. 이거 먹고 몸 좀 추스르고 힘내서 공부하라구."

"여보…."

영숙 씨는 남편의 마음이 고마워 어쩔 줄 몰랐다. 부엌으로 나가 사골을 들통에 넣고 핏물을 우려냈다. 들통 앞에 쪼그리고 앉아 생각했다. 난 참 행복한 여자구나 하고….

다음 날, 영숙 씨는 남편이 퇴근하고 오면 같이 곰국을 먹으려고 남편 귀가 시간에 맞춰 사골을 끓이기 시작했다. 그리고 방으로 들어가 출석 수업 때 받은 과제물을 정리하고 복습도 할 겸 컴퓨터 앞에 앉아 책을 뒤적이다 깜빡 잠이 들고 말았다.

시간이 얼마나 흘렀을까. 남편이 부르는 소리에 잠을 깼다.

시계를 보니 새벽 2시 15분! 남편은 술을 마시고 늦게 들어온 모양이었다. 거실로 나가자 뽀얀 안개 속에 남편이 서 있었다.

"여보, 이게 뭐야…."

그 순간 그녀의 머릿속에 불 위에 올려놓은 사골이 떠올랐다.

"사골!"

영숙 씨는 소리를 지르며 부엌으로 뛰어갔다. 불 위에서는 벌겋게 달아오른 찜통이 연기를 내뿜고 있었다. 그 속의 뼈들은 숯이 되어 가고 있었다.

영숙 씨와 남편은 집안을 돌아다니며 창문을 모두 열어젖혔다. 차가운 바깥 공기에 비로소 정신을 차린 그녀는 태워버린 사골이 아까워서 속이 상하고 남편에게 한없이 미안해서 고개를 들 수가 없었다.

남편은 굳은 표정으로 거실 한가운데 서 있었다. 영숙 씨는 남편에게 말하고 싶었다. 사골이 다 타버려서 너무 속상하고 아깝고, 무엇보다 당신한테 미안하다고.

하지만 목이 메어서 아무 말도 할 수 없었다. 그런 아내의 마음을 알았는지 남편은 조용히 다가와 그녀를 안아주었다.

"많이 놀랐지? 더 큰 사고 안 났으니까 됐어. 걱정하지 마."

"여보! 미안해요. 당신이 사다 준 이 아까운 사골을 다 태워 버렸으니… 속상해 죽겠어요."

그날 밤, 남편은 그녀의 시험 공부를 도와주겠다며 아내 옆에 앉았다. 지금까지 받은 프린트를 날짜 별로 정리 해주고 영어책을 뒤적이며 중요한 내용을 알려 주었다.

남편의 몸에서는 희미하게 술 냄새가 났다. 하루 종일 일하고 술까지 마셨으니 피곤할 텐데도 도와주려 애쓰는 모습을 보니 콧날이 시큰해졌다.

남편의 옆모습을 보며 영숙 씨는 생각했다.

이렇게 든든한 산이 바로 내 옆에 있다는 것을 왜 몰랐을까 하고…. 그리고 제 아무리 공부가 힘들어도 포기하지 않겠노라고. 이 든든한 산이 '나를 지켜주는 한' 꼭 해내고야 말겠다고 다짐했다.

14 시부모님과 함께 떠난 결혼 여행

"석우 씨, 신혼여행은 해외로 가지 말고 제주도로 가자."
지연 씨의 말에 남편 석우 씨는 눈을 크게 뜨며 대답했다.
"왜? 호주에 가 보고 싶다고 했잖아."
"호주는 나중에 세연이랑 호연이 다 키워서 같이 가고. 이번엔 제주도로 가자."
'당신 평생에 한 번뿐인 신혼여행인데 괜찮겠어?"
"응."
"정말로 후회 안하지?"
"그래. 절대 후회 안 할게. 우리 신혼여행 제주도로 가는 대신 어머님, 아버님도 함께 가는 건 어때?"
"뭐? 그럼 그게 무슨 신혼여행이야? 가족 여행이지."

"어차피 아이들 다 데리고 가는 신혼여행이잖아. 어머님, 아버님도 함께 가시면 더 좋을 것 같아."

"난 모르겠다. 당신 마음대로 해."

석우 씨는 이렇게 말하면서도 지연 씨가 자신의 부모님을 생각해 주는 마음 씀씀이가 예쁘고 고마워서 속으로는 무척 흐뭇했다.

지연 씨는 남들이 말하는 속도 위반으로 결혼했다. 정확하게 말하자면 지연 씨와 남편 석우 씨가 연애하던 대학 4학년 때 임신을 해서 급히 혼인 신고만 해놓고 결혼 생활을 시작하게 된 것이다.

결혼식은 아이를 출산한 다음에 바로 하려고 했지만, 두 아이를 연년생으로 낳은 뒤 얼마 지나지 않아 오랫동안 치매로 고생해 오던 석우 씨의 증조할머니가 돌아가시는 바람에 또 연기되곤 했다. 이런 일로 가끔 시어머니는 며느리의 손을 잡고 위로했다.

"섭섭하지, 하지만 어쩌겠니? 그렇다고 초상을 치르고 바로 결혼식을 한다고 청첩장 돌리는 것도 민망한 일이고. 내년 봄에는 꼭 식을 올려 주마 내가 너에게 참 미안하구나."

"섭섭하긴요, 어머님, 저는 괜찮아요."

증조할머니가 돌아가시기 전까지 석우 씨 집안은 5대가 함께 살았다. 석우 씨 어머니는 스무살에 시집와 층층으로 시집살이를 했다. 시어머님과 시할머님을 함께 모셔야 했던 석우 씨의 어머니는 휴일도 없이 근 30년을 지냈다.

"증조할머니는 동네에서도 호랑이 할머니로 소문이 자자했대."

"그래?"

"어머니는 시집와서 3년 동안인가는 밥을 하루에 다섯 번 하셨대. 한 번에 밥을 많이 하면 밥맛이 없다고 그렇게 시키셨대."

"어휴, 어머니 무지 힘드셨겠다. 만약에 나보고 그렇게 하라고 하면 난 절대 못해. 도망가 버릴 거야, 어휴…."

"증조할머니가 치매에 걸린 건 10년 전쯤이고, 할머니가 쓰러지신 건 5년 전이야? 두 분이 쓰러지고 나서는 정말 고생 많이 하셨지."

남편 석우 씨 말에 지연 씨가 고개를 끄덕이며 말했다.

"일하는 사람이라도 구하지 그랬어?"

"구했었지. 그런데 다들 일이 너무 힘들다고 금방 그만두더라고."

"그랬구나. 나는 왜 어머님이 혼자서 그렇게 고생하시나 했어."

"당신 같으면 병든 노인이 두 분이나 있는 집에서 일하고 싶겠어? 정말 힘든 일이지."

"그러게. 그런데 할머님은 왜 쓰러지신 거야?"

"몰라. 어느 날 아침 드시고 일어나시다 비틀거리더니 쓰러지셨어. 바로 병원으로 갔는데 풍이라더라. 동네에선 우리 어머니 일복 터졌다고 혀를 찼지."

"정말…."

치매로 고생하는 증조할머니가 계신데 할머니까지 중풍으로 쓰러지시자 석우 씨의 어머니는 두 어른이 돌아가실 때까지 여행은커녕 두

다리 뻗고 마음껏 잠도 못 주무셨다. 사실 처음에 지연 씨는 어머님의 사연을 듣고 어머님이 자신도 그렇게 시집살이를 시킬까 싶어 혼자 겁을 먹었다.

하지만 시집살이는커녕 마치 친딸이 임신한 것처럼 지연 씨를 돌봐주었다. 과일이며 몸에 좋다는 음식을 해주었고 남편 석우 씨가 말도 없이 늦게 들어오는 날에는 지연 씨가 화를 내기도 전에 호통을 쳐주시기 도 했다. 산후 조리를 끝낸 후 연년생 둘째를 임신했을 때는 어른들 병 수발로 가뜩이나 힘든 시어머니에게 짐을 더 얹어 드리는 것 같아 친정으로 갈까도 고민했다.

"어머님, 죄송해요. 이런 상황에서 갑자기 둘째까지 생겼어요."

"아니, 애가 생긴 일이 왜 죄송한 일이야? 축하할 일이지! 축하한다!"

"고맙습니다."

거친 손으로 지은 씨의 손을 덥석 잡아주시며 둘째 아이 임신을 축하해 주셨던 시어머니를 보며, 지연 씨는 감사한 마음과 안타까운 마음이 항상 교차했다.

작은아이를 출산하고 얼마 지나지 않자 어느 날 시어머니께서 지연 씨와 석우 씨를 불러 앉히고 말하신다.

"너희들 결혼식 날을 잡았다. 다음 달 말일이야. 너희들에게 맡겨 놨다가는 언제 할지 몰라서 우리끼리 정했다. 그리고 아버지가 너희 분가해서 살 집을 알아보라고 하셨으니 둘이 상의해서 알아 봐라."

"분가요?"

"그래. 증조할머니와 할머님이 살아 계셔서 처음부터 너희를 분가시키지 못 했지만 이젠 그럴 필요가 없을 것 같구나. 애들 교육 문제도 있고 집에서 아범 회사도 너무 멀고. 그러니 아범 회사 근처로 집을 알아봐라."

"하지만 어머님 아버님은요?"

"나도 이제 홀가분하게 살고 싶구나 시어른 두 분 보내드리고 나니 그런 마음이 들어 청춘은 다 지났지만 이제라도 너희 아버지하고 둘이서 오순도순 살아보고 싶구나."

지연 씨는 같이 산지 3년 만에 신혼여행을 떠나게 되자 항상 가족을 위해서 고생하신 시어머니를 위한 특별선물을 하고 싶었다. 그러다가 지연 씨는 시어머니가 서울을 떠나본 적이 없다는 사실을 알게 되었다. 고된 시집살이에 지금껏 여행다운 여행을 못해 보신 것이었다. 그런 시어머니를 위해 이번 여행은 해외로 가는 경비를 줄여 가족 모두가 비행기를 타고 제주도로 가는 것이 좋겠다고 생각했던 것이다.

지연 씨와 석우 씨는 시어머니의 반대를 결국 설득시켜 시아버지의 환갑도 기념할 겸 다같이 가족 여행을 가기로 결정을 본 것이다.

가족 여행 날! 상기된 표정으로 비행기에 오르는 시어머니는 마치 소녀 같았다.

"고맙다. 내가 며느리를 잘 얻어서 이런 호강을 다 하는구나."

"어머님, 그동안 고생 많으셨어요. 이제부터는 아버님하고 오래 오래 행복하게 사세요."

"그래, 너희도 행복하게 잘 살고…."

"네, 어머님. 저희 분가해도 자주 찾아뵐게요."

"멀리 사는 것도 아닌데 그렇게 섭섭해 하지 마라. 그저 너희 식구 행복하게 잘 살아야 한다. 나야 어른들 모시고 사느라고 좋아도 좋다는 표현 한번 못하고, 싫어도 싫단 말 한마디 못하고 살았지. 요즘 젊은 사람들은 좋은 거 싫은 거 다 말하고 살아야 하잖니. 그게 다 좋다는 건 아니겠니…."

"네, 어머님 말씀 명심할게요."

지연 씨는 시어머니의 손을 꽉 잡았다. 새 출발을 하는 두 여자의 다짐처럼.

문득 느껴지는 눈길에 고개를 든 지연 씨는 석우 씨가 행복한 미소를 지으며 자신과 어머니를 지켜 보고 있다는 것을 알았다. 순간 지연 씨의 가슴속으로 석우 씨의 사랑이 따뜻하게 전해져 옴을 느꼈다.

15 며느리이면서 아내로 살기

아내는 오래 전에 홀로되신 아버지와 장애가 있는 형까지 있는 나를 남편으로 맞는 데에 전혀 주저함이 없었다.

주변에서 반대도 많았지만 그녀의 결심은 조금도 흔들리지 않았다.

주변 사람들은 '지금은 아버지가 건강하고 형님에 대한 책임을 질 필요가 없어 그 어려움을 잘 모르는 것'이라는 둥, '당장 아버지가 쓰러지기라도 하면 그때는 형님도 아버지도 아내가 책임져야 할 짐'이라는 이유를 들어 우리의 결혼을 반대했다.

나는 주변 사람들의 이런 말에 강하게 반박할 수가 없었다. 현실적으로 아내가 힘들어질 게 뻔하기 때문이었다.

하지만 이런 극심한 반대 속에서 흔들리는 나를 굳건히 잡아준 것은 오히려 아내였다. 아내는 내 고통과 슬픔까지 껴안을 수 있을 만큼 나를 사랑한다는 말로 주변의 만류를 뿌리치고 나와 결혼을 했다.

결혼 전까지 나는 회사 기숙사에서 살고, 아버지는 형님과 회사에서 멀지 않은 동네에서 살고 계셨다.

내가 기숙사 생활을 한 것은 회사일로 바쁜 탓에 집안일을 도울 수 없었을 뿐 아니라 나까지 함께 지내면 아버지의 가사 부담이 커질 것 같아서였다.

나는 주말마다 아버지와 형을 찾아뵈었다. 이 일은 아내와 연애를 하면서도 꼭 지킨 무언의 약속이었다.

아내를 우리 집으로 처음 데리고 가기 전날, 나는 걱정으로 잠을 이루지 못했다. 형님이나 아버지를 한 번도 부끄러워 한 적이 없거니와 두 사람이 내 '짐'이라고 생각하지도 않았다.

그러나 다른 사람의 눈에는 다르게 보일 수 있다는 사실을 차츰 깨닫게 되었다. 그리고 아내도 다른 사람들처럼 아버지나 형님을 부담스러워 하여 나와 사귀는 것을 그만둘 지도 모른다는 불안감이 나를 괴롭혔다. 아내를 놓치고 싶지 않은 마음과, 아내를 힘들게 하고 싶지 않다는 마음이 혼란스럽게 뒤섞여 있었다.

그날은 아내를 평소보다 일찍 만나 아버지와 형님을 위한 선물을 사기로 했다.

"아버님은 뭘 좋아하셔?"

"글세…."

"서른이 다 되도록 자기 아버지가 뭘 좋아하시는지도 몰라? 무심한 아들이네. 아버님은 당신 아들이 뭘 좋아하느냐고 물으면 금방 대답하실 텐데."

"아버지는 별로 말씀이 없으셔서 뭘 좋아하시는지 잘 모르겠어."

"그럼 형님은?"

"형은 운동화를 좋아해."

"운동화?"

"응. 형은 달리기를 좋아하거든. 새 운동화를 사도 얼마 못 가. 온 동네를 달려서 금방 헤져 버리거든. 형은 운동화를 사 주자."

우여곡절 끝에 아버지 선물로 겨울 점퍼를 사고, 형님에게는 요즘 유행하는 메이커의 운동화를 한 켤레 샀다.

대문을 열고 들어서자 집은 난장판이었다. 식탁 위에는 약병들과 신문, 책 따위가 흩어져 있었고 싱크대에는 설거지감이 가득했다. 거실 바닥과 방바닥은 형이 묻혀 들어온 흙먼지가 쌓여 발바닥이 서걱거릴 정도였다.

'아차, 내가 먼저 와서 치울걸'하고 후회해 봐야 이미 소용없었다. 아버지는 미리 연락도 없이 왔다며 난장판인 집을 몹시 민망해 하셨다.

아내는 긴 생머리를 질끈 동여 묶더니 양팔을 걷어붙이고 일을 하기 시작했다.

"아이고, 손님에게 일을 시키다니… 이런 법은 없어요"하시면서 아버지는 아내를 말렸다. 하지만 아내는 "지금은 며느리 역할을 하겠습니다. 아버님!" 하고 일을 계속했다. 이런 며느리의 선행에 아버지는 감격하신 모양이었다.

　나중에 안 사실인데, 아내에게는 사고로 장애를 앓게 된 언니가 있었다고 한다. 누군가의 도움 없이는 생활은커녕 목숨도 연명하기 힘든 상태가 된 언니는 결국 몇 년 뒤 세상을 떠났다고 했다. 그래서인지 아내는 형을 처음 대면했을 때도 크게 놀라지 않았고 의연했다. 아픔을 이해하고 나눌 줄 아는 아내가 참 고맙고 자랑스러웠다. 이런 여자를 만난 내가 얼마나 복이 많은 사람인가 싶었다.

　결혼식 날을 잡고 신혼집을 구할 때였다. 아내는 신혼집을 무리해서라도 큰 집으로 구해 아버지와 형을 모시고 살자는 제안을 했다. 아버지는 아직 당신이 건강하여 자식들 짐이 되고 싶지 않다며 아내의 제안을 기뻐하셨지만 받아들이지는 않으셨다.

　"아니다. 난 그냥 여기가 좋다. 하지만 네 마음만은 고맙게 받으마. 정말 고맙구나" 하시며 아버지는 아내의 손을 잡으셨다. 그러자 아내가 대답했다.

　"그럼 저희가 자주 찾아뵙겠습니다."

　결혼 후 아내와 나는 자주 아버지와 형님을 찾아뵈었다. 매주 일요일이면 우리는 어김없이 아버지와 형이 사는 집에 들러 집안 청소와 온갖 일을 했다.

　이번 주에도 아내와 함께 아버지 집에 들렀다. 아내는 아버지께 인사를 드리자마자 팔을 걷어붙이고 일주일 동안 쌓인 집안 먼지를 닦아낸다. 그동안 아버지는 따뜻한 햇살이 좋은 안마당에 나와 계셨고, 형은 길게 가긴 않겠지만 이삼 일은 초봄의 따뜻한 봄기운에 형은 달리기를 하러 나간 모양이었다.

아내는 세탁기에 형의 이불을 넣고 돌렸다. 형은 보송보송한 이불에서 잠을 자게 될 것이다.

집안 청소를 마치고 밀린 설거지까지 끝내면 아내는 아버지 이발까지 해드렸다. 처음 이발할 때 아버지께서는 많이 어색해 하셨지만 점점 익숙해지셨다.

아내는 따뜻한 햇볕 아래 이발을 끝낸 아버지에게 "아버님, 이발비는 주셔야지요."하고 말을 건네는 여유까지 보였다.

이에 아버지께서는 "허허. 그래, 여기 있다."하시며 주머니에서 꼬깃꼬깃 접힌 천 원짜리 몇 장을 꺼내 주시는 아버지가 되셨다.

아내는 아버지가 보는 앞에서는 용돈을 받았다며 좋아했지만, 그 돈은 결국 아버지의 국민연금으로 들어갔고, 이런 식으로 6년 넘게 아내가 아버지의 연금을 넣어 준 덕택에 아버지의 통장에는 연금이 쌓이게 되었다.

지금 아버지는 매달 통장에서 입금 내역을 확인하는 낙으로 사는 것처럼 기뻐하신다. 며느리에게도 통장 입금 확인을 시키며, 이에 군말 없이 똑같은 일을 반복해 들어주는 며느리가 예쁘기만 한 모양이었다. 아버지는 아들보다 자상한 며느리와 떨어지는 것이 못내 서운한지 계속 조금만 더 있다가 가라고 하신다.

   집에 도착한 우리는 잘 준비를 했다. 아내는 하루 종일 피곤할 텐데 머리를 감고 샤워를 한 후 화장대 앞에 앉는다.
"이제 곧 잘건데, 뭐해?"
"당신에게 예뻐 보이려고."
비로소 며느리에서 아내의 위치로 돌아온 것이다….
   오늘 밤 나는 아내를 꼭 껴안았다. 그리고 나는 아내의 팔과 다리를 주물러 주며 힘들지 않았냐고 물었다. 너무 희생하는 삶을 사는 것 같아 안타깝고 미안한 마음이 들었다.
   하지만 아내는 오늘 하루를 마감하는 이 피곤함이 아버지와 형님, 그리고 남편인 나를 행복하게 한 증거이기 때문에 피곤할수록 보람을 느낀다며 그만큼 자신도 행복해진다고 말한다.
   오늘 밤 사랑스런 아내의 얼굴은 세상 그 어떤 여자보다도 아름다웠다.

16 남편 발자국 소리를 반기는 '식물 아내'

어느 의과대학 교수의 이야기다.

그날은 둘째 아들의 생일을 축하하기 위해 온 가족이 외식을 하기로 한 날이었다. 교수는 너무 피곤하다며 쉬고 싶다는 아내를 설득해 식당을 향해 가고 있었다. 잠시 후 아내가 머리를 끌어안으며 말했다.

"여보, 너무 머리가 아파요. 차 좀 세워줘요."

그리고 아내는 곧바로 정신을 잃었다. 급히 병원으로 옮겼지만 며칠이 지나도 아내의 의식은 돌아오지 않았다. '식물 인간'이 된 것이다. 그 후 아내는 남편이 일하는 병원의 중환자실에 입원했다. 남편은 시간만 나면 중환자실에 와서 아내를 보고 갔다.

그렇게 몇 년의 시간이 지나자 남편은, 아내에게 자신의 발자국 소리와 다른 사람의 발자국 소리를 구별하는 능력이 생겼다는 것을 알았다. 자신이 일이 생겨 다른 곳에 들러 한 두 시간 늦게 오면 아내가 화난 표정을 지어 보인다는 것이다. 단순한 조건반사라고 치부하는 사람들도 있었지만, 꼭 남편인 자신에게만 반응을 하는 건 과학적으로 설명이 되지 않았다. 그래서 남편은 아내를 기다리게 하지 않으려 매일 정해진 시간에 아내를 찾아갔다.

남편은 아내에게 이 세상의 창이기도 했다. 그는 아내에게 매일 세상 돌아가는 이야기를 들려주었다. 대통령이 바뀌었다거나 큰 사고 소식들, 새로 발명된 물건들에 대해서도 하나하나 설명해 주었다. 언젠가 아내가 깨어났을 때 이 세상에 적응할 수 있도록 준비를 해주는 것이었다.

남편의 모습을 안타깝게 바라보는 사람들이, 알아듣지도 못하는 사람에게 왜 그러냐고 하면 남편은 이렇게 대답했다.

"아내가 중환자실에 누워서 한 발자국도 움직이지 못하지만 우리는 보통 부부들과 마찬가지로 사랑 싸움도 하고, 애들 문제로 다투기도 하지요. 절대 나 혼자 떠드는 게 아닙니다."

아내가 누워 지낸 지 10년이 지나자 남편의 머리에는 희끗희끗 흰머리가 생기기 시작했다. 어느 날 남편은 염색을 하고 와서 아내에게 '여보, 나 오늘 염색했소. 머리 어때요'라고 물었다. 그러자 아내는 눈물을 글썽이며 입술과 눈동자를 미세하게 움직였다. 아내의 반응을 보고 의아해 하는 사람들에게 남편은 아내가 여자가 생긴 거 아니냐며 질투를 하는 거라고 설명해 주고는, 그 뒤로 한 번도 머리 염색을 하지 않았다.

그 후에 얼마 있다가 아내는 극도의 우울증에 빠져 혀를 깨물려고 한 적이 있었다. 그때 병원에서는 외상은 없는 것 같은데 피가 모자랄 때 생기는 증세와 마찬가지로 헤모글로빈 수치가 뚝 떨어지고 있다며 급히 남편을 불렀다.

그러나 거듭 확인해 보니 혀가 정말로 거의 절단되려 하고 있었다. 구강외과의 권위자인 남편은 아내의 혀를 직접 꿰매는 수술을 했다. 수술을 마치고 남편은 '꿋꿋이 살아야 한다'며 아내의 마른 손을 꼭 잡아 주었다. 그 후 남편은 아내에 대해 더욱 신경을 써야 했다

어느 날인가 남편은 아내를 휠체어에 태워 1층에 있는 자신의 진료실에 데리고 갔다. 아내는 무척 행복해 보였다. 남편은 아내가 좋아하던 클래식 음악을 들려주고 아내가 아꼈던 예쁜 원피스도 입혀 주고 14년 만의 데이트를 즐겼다. 아내의 얼굴은 꽃처럼 환하게 피어났다. 그리고 며칠 후 아내는 아무런 유언도 남기지 못한 채 갑자기 숨을 거두었다. 아내는 이 세상 그 무엇과도 바꿀 수 없는 행복한 표정을 짓고 있었다….

17 70세 할머니의 한(恨) 없는 결혼식

"저…. 저도 여기서 결혼식을 올릴 수 있을까요"?

희끗한 머리를 비녀로 곱게 정돈한 한 할머니가 어느 시민 단체를 찾아왔다.
"네, 그럼요. 그런데 할아버지는 같이 안 오셨어요?"
"남편은 먼저 가고 사진만 있는데…. 사진만 갖고도 할 수 있을까요?"
할머니가 찾아간 시민 단체는 갖가지 사정으로 결혼식을 미루어 온 부부들을 위해 무료 합동 결혼식을 추진하는 곳이었다. 어디선가 이 소식을 전해들은 김 할머니는 남편의 사진 한 장만을 들고 물어물어 찾아온 것이다.

함경북도의 어느 시골 마을 출신인 할머니는 1950년에 남편과 약혼식을 올렸다. 하지만 결혼식을 올릴 틈도 없이 그해 여름 6·25전쟁이 터져 약혼자와 함께 피난민 틈에 섞여 남쪽으로 내려왔다. 가진 것 하나 없이 몸만 겨우 내려온 이들은 피난촌에서 겨우 쪽방 하나를 얻어 아이를 낳고 살림을 시작했다.

"여보, 고생만 시켜서 미안하오. 형편이 넉넉해지면 꼭 결혼식을 올립시다."

남편은 틈만 나면 할머니의 손을 잡고 이렇게 말했지만, 할머니는 그런 형식적인 행사를 거치지 않아도 마냥 행복하기만 했다.

세월이 흘러 어느덧 이들 부부는 머리가 희끗해지고 50세를 넘기고야 말았다. 전쟁이 끝난 후에도 먹고 살기에 바빴던 것이다. 그런데 환갑 때 꼭 결혼식을 올리자던 남편은 갑자기 병을 얻어 김 할머니만 남긴 채 떠나고 말았다. 슬픔을 가누지 못해 힘들어하던 할머니에게 또 다른 불행이 닥쳐 왔다. 하나밖에 없던 외아들마저 교통사고로 남편의 뒤를 따르고 만 것이다.

의지할 친척 하나 없던 할머니는 동사무소에서 나오는 생계 보조금을 받아 어렵게 생활을 꾸려 갔다. 홀로 외로운 생활을 해온 지 10여 년이 흘러 이제 일흔이 된 할머니는 우연히 이 시민단체가 무료 결혼식을 올려 준다는 소식을 듣고, 결혼식도 못하고 세상을 뜬 남편이 너무 그리운 마음에 찾아온 것이다. 할머니의 딱한 사정을 들은 시민 단체는 할머니의 결혼식을 추진하기로 결정을 내렸다.

　드디어 결혼식 날! 돋보기 안경을 쓰고 지팡이를 짚고 잔걸음을 걷는 할머니의 머리 위에 하얀 면사포가 내려앉았다.

　천천히 식단을 향해 걸어가는 할머니의 가슴에는 부케 대신에 남편의 영정 사진이 안겨 있었다. 팔짱을 끼고 걸어갈 남편도, 함께 축하하고 기뻐해 줄 가족도 친지도 하나 없는 할머니의 결혼식은 남편의 사진과 단둘이 그렇게 치러졌다.

　하지만 할머니와 함께 합동 결혼식을 올린 세 쌍의 부부와 하객들과 자원 봉사자들, 취재를 나온 사람들과 동네 주민들이 할머니에게 뜨거운 박수를 보냈다.

"여보, 드디어 우리가 결혼식을 올렸네요…."

　사진 속 남편의 얼굴을 쓰다듬으며 감격에 말끝을 잇지 못하는 할머니를 지켜보는 많은 사람들의 눈에도 눈물이 그렁그렁 맺혔다.

　결혼식 없이 사랑만으로 30년을 함께 살아 왔고, 또 남편 없이 홀로 20년을 견뎌 온 할머니는 드디어 남편의 사진과 함께 오랜 소원을 풀 수 있었다.

　찬란한 햇살 아래 서 있는 70세의 신부는 그 어떤 신부보다도 아름답게 빛나 보였다.

18 황혼 이혼…
사소한 갈등이 '이혼 불씨' 된다

숙희 씨는 요즘 뒤늦게 배운 인터넷에 푹 빠져 있다. 즐겨 찾는 인터넷 친목 카페는 부부 생활에 관해 이야기를 나누는 곳이었다. 싸운 이야기라던가 화해하는 방법, 부부 사이에 있었던 재미난 이야기, 자녀와 대화하는 방법 등, 유익하고 재미있는 정보가 많았다. 특히 이곳에서 남편들의 심리, 가장으로서 고민하는 마음 등을 알 수 있었다.

어느 날 '황혼 이혼'을 한 부부의 사연이 올라왔다.
나이 50대 중반! 이미 인생을 함께 살 만큼 살았는데 그 나이에 왜 굳이 이혼을 택했을까, 아니 이혼을 해야 할 만큼 중요한 이유가 있었을까? 갑자기 큰 호기심이 들었다.
마침 글을 올렸던 황혼 이혼을 당한 남편이 회원들에게 인터넷 채팅을 제의했다. 숙희 씨도 다른 회원들과 함께 참석했다. 그 남편은 그동안의 '결혼사'와 싸웠던 일들을 풀어내었다. 그 사람뿐만 아니라 다른 회원들도 각자의 경험이나 생각을 솔직하게 말하자, 이야기 방은 금세 진지한 분위기가 되었다. 이야기를 하는 도중에 숙희 씨는 한가지 놀란 것이 있었다. 남자 회원들과 여자 회원들의 생각이 너무나 달랐기 때문이었다.

"이혼이란 게 해 놓고 보니까 참 쓸쓸하더군요."

"그러게요. 충분히 이해해요."

"좀 참아보지 그러셨어요?"

"참는다고 되는 게 아니더라고요. 어차피 지난 일이지만…."

남편의 이야기는 계속되었다.

"지금까지 아내와 애들 뒷바라지하고, 이젠 다 늙어버린 껍데기죠, 뭐. 그래서 더 버림받은 기분이에요. 정년 퇴직하고 몸도 안 좋은데 집에서까지 쫓겨난 신세가 됐어요. 지금까지 돈 버느라고 고생했는데 여자 쪽에서 좀 보살펴 주어야 하지 않겠어요?"

남편은 섭섭한 마음을 감추지 못했고, 남자 회원들도 거의 동의를 했다.

이에 대해 여자 회원들의 입장은 약간 달랐다.

"아까 젊은 시절 아내분과 싸웠던 이야기를 들어 보니까, 아내분에게 그동안 너무 무정하게 대하셨던 것 같아요. 사람의 정이라는 게 원래 서로 오가는 거 아닌가요?"

다음은 이달 이야기 방에서 나눴던 서로 이혼하게 된 이유로 드는 사항 몇 가지를 요약·정리한 내용이다.

남자 A : "이제 돈도 못 벌고 성적 만족도 못 시켜주니까 버림받은 겁니다."

남자 B : "맞습니다. 남자에게 가장 중요한 것은 일과 섹스인데, 두 가지 다 없어지면 남자로서 모든 걸 잃게 되는 거죠."

남자 C : "참 슬픈 현실입니다. 자존심 때문에라도 집안에서 가사일을 돕는다든지 하는 것은 못하겠습니다."

그러나 여자 쪽의 생각은 달랐다.

여자 A : "아니, 도대체 섹스가 뭐가 그리 중요한가요? 다 늙어서 이젠 관심도 없어요."

여자 B : "그럼요. 따뜻하게 껴안아주고 쓰다듬어주고, 여자들은 이런 걸 더 바란답니다."

여자 C : "그리고 서로 존중하고 인정하는 따뜻한 말 한마디만 있다면 부부 사이는 흔들릴 이유가 없다고 생각해요.

이날 이야기 방에서 이야기가 진행될수록 남자 회원들은 남편의 편을 들고, 여자 회원들은 아내의 입장에서 반론을 제기했다.

결국 그날의 채팅은 남자 대 여자 사이의 집단 논쟁으로 번지고 말았다. 이 날의 채팅은 결국 황혼 이혼을 당한 남편이 좀 더 아내를 설득하고 다시 함께 살기로 노력하겠다고 결심하는 것으로 끝이 났다.
　숙희 씨는 그날 밤 진지하게 고민을 했다.

　어떤 책에서 읽은 것처럼 정말 부부는 화성에서 온 남자와 금성에서 온 여자가 만나서 사는 것일까?
　남자와 여자의 차이는 이렇게나 깊은 것일까?
　어떻게 하면 서로를 감싸고 소통하며 살 수 있을까?

　부부는 서로를 잘 아는 것 같지만 실제로 이렇게 다르다. 대부분의 남자들과 여자들은 서로 생각하는 구조도 다르고 입장도 다르다. 부부가 서로 갈등을 경험하게 되는 것은 서로에게 자신이 중요하게 여기는 욕구를 기대하기 때문이다.
　따라서 이를 해소하기 위한 길은 오직 대화밖에 없다. 서로의 입장에서 생각하고, 서로 양보하고 존중하면서 이야기하는 것이야말로 작은 불씨를 없앨 수 있는 길임을, 그날 밤 우리 모두는 비로소 터득할 수 있었다.

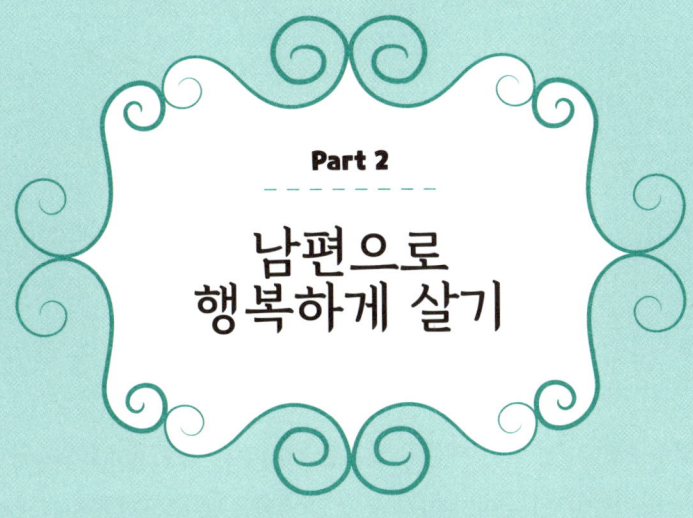

Part 2
남편으로 행복하게 살기

아내를 소중히
지킬 수 없는 남자는 아내의 사랑을
받을 자격이 없다.
―괴테의 《젊은 베르테르의 슬픔》 중에서

1 아내에게
해야 할 말 vs. 해서는 안 될 말

영수 씨는 미선 씨가 자신의 말투를 가지고 뭐라고 할 때마다 답답한 느낌이었다. 영수 씨가 가끔 생각 없이 말을 툭 뱉어서 자신에게 상처를 준다는 것이다.

오늘은 '당신과는 성격이 안 맞아'라고 한 말 때문에 싸웠다. 서로 살짝 의견이 안 맞을 뿐인데 왜 그런 말을 하며 등을 돌려 버리느냐는 것이었다.

미선 씨는 요즘 자신이 좋아하는 배우가 출연한 드라마에 푹 빠져 있었다. 영수 씨는 오늘 개막한 프로야구 결과가 궁금해서 리모컨을 들고 채널을 돌리기 시작했다.

"어, 왜 그래? 한참 재미있게 보고 있는데…."

"재밌긴 뭐가 재밌어?"

"기다려 봐. 다른 채널에서는 뭐 하나 보게."

"아이 참! 왜 그래? 빨리 채널 돌리라니까."

프로야구 뉴스를 볼 수가 없어 심통이 난 영수 씨가 한 마디 했다.

"어떻게 저렇게 유치한 걸 좋아하냐? 뉴스나 시사프로도 좀 보고 살아라."

이 말에 미선 씨는 또 영수 씨가 자신에게 상처를 줬다며 삐쳐서 안방으로 들어가 버렸다.

다음 날, 미선 씨는 부지런히 아침 식탁을 차렸다.

어제 다툼도 풀 겸 평소와 달리 피곤해 하는 영수 씨를 위해 국까지 새로 끓여서 상에 올렸다. 그런 것도 모르고 영수 씨가 미선 씨를 보더니 또 한마디 한다.

"당신, 그 밥 다 먹을 거야?"

"왜… 밥 더 줘."

"아니, 그게 아니라. 당신 요즘 너무 먹는 거 아냐? 몸 생각 좀 해. 살 좀 빼라고."

"누군 살이 찌고 싶어서 찐 줄 알아? 당신한테 시집 와서 고생하고 스트레스 받아서 찐 살이야."

"핑계는, 어쨌든 이제부터라도 양을 조절해서 먹어. 그리고 운동을 해야 살이 빠지지."

"이것도 안 먹고 어떻게 애보고 집안일 하고 그래. 하루 종일 얼마나 힘든 줄 알아. 그리고 내가 운동할 시간이 어딨어?"

"됐다. 내가 말을 말아야지."

며칠 후 미선 씨의 친정아버지 제사에 다녀오던 날, 두 사람은 또 말다툼을 했다.

"당신 집안은 왜 그래?"

"뭐? 우리 집안이 뭐가 어떤데?"

"사위는 백년 손님이야! 어떻게 그렇게 함부로 대할 수 있어?"

"그게 무슨 소리야? 좀 알아듣게 얘기해."

"제기를 꺼내 와라, 이거 올려다 놔라, 저거 갖고 와라. 그런 일을 꼭 나한테 시켜야 되냐고. 일부러 나한테만 일을 시키고 말이야."

"그때는 집에 남자가 당신밖에 없었잖아. 그런 힘쓰는 일은 당연히 남자가 해야 되는 거 아냐? 그리고 당신 어쩜 그런 일로 우리 집을 욕할 수 있어. 정말 너무한 거 아냐?"

"우리 어머니는 안 그러셨어."

그 날 말다툼은 집에 도착해서까지 이어졌다.

어느 날부터 미선 씨는 영수 씨가 옆에서 뭐라고 해도 꼭 필요한 말이 아니면 길게 대꾸를 하지 않게 되었다. 먼저 말을 거는 횟수도 줄었다. 영수 씨는 처음에 미선 씨가 자신의 말투에 트집을 잡지 않아서 속이 시원하다고 생각했다.

하지만 집에 돌아와 같이 밥상에 앉아 있는데도 적막하기만 한 분위기가 며칠 동안 계속되자 마음이 이상하게 허전하고 가라앉았다. 자신을 바로 보지 않는 미선 씨의 옆모습을 보니 덜컥 불안한 마음이 들었다.

"당신, 요즘 왜 그래? 찬바람이 쌩쌩 불잖아."

"겨울이라 그런가 보지."

"농담아냐. 당신 정말 왜 그래?"

"나도 당신하고 농담할 기분 아니거든."

"나 정말…. 당신이 요즘 그러니까 내가 마음이 편치 않잖아. 회사에서 일도 손에 안잡히고 당최, 대체 왜 그래?"

"정말 몰라서 물어?"

"알면 내가 이렇게 묻겠어…. 이유가 뭐야? 나 때문이라는 거야."

"내가 정말 자존심 상해서 말 안 하려 했는데…. 당신 왜 나한테 말을 그렇게 함부로 해."

"내가, 언제?"

"툭하면 년 왜 그러냐, 너랑은 안 맞는다, 살 좀 빼라, 심지어 당신 집안은 왜 그러냐. 그런 말 들으면 내 기분이 어떨 것 같아? 너무 속상하고 화가 나서…."

"그런 걸 아직까지 담아 두고 꽁하고 있었던 거야."

"당신은 아무렇지도 않겠지만 나는 당신이 그런 말을 하면 하루 종일 우울하고 기운이 빠져서 일이 손에 잡히지도 않아. 나를 있는 그대로 사랑하지 않고 이렇게 비판하려고만 드는 이런 남자를 내가 믿고 살아야 하나, 하는 생각마저 들어."

"뭐야? 겨우 내 말투 가지고 사네마네 생각한단 말이야?"

"말투 때문만이 아니야. 당신이 나를 무시하고 존중해 주지 않으니까 그게 말로 표현되는 거잖아."

"어휴, 알았어. 당신이 그렇게 큰 상처를 받은 줄은 나도 몰랐어. 이제부터는 내가 조심할게."

그 뒤로 영수 씨는 아내에게 말을 함부로 하지 않으려고 신경을 썼다. 하지만 전과 같이 즐겁고 정이 넘치는 분위기는 다시 찾을 수가 없었다. 어떻게 하면 예전처럼 미선 씨가 진심으로 웃는 얼굴을 하게 만들 수 있을까 고민했다.

어느 날 두 사람은 같이 동창회 모임에 나갔다가 돌아왔다. 오랜만에 만난 친구들에 대한 이야기를 나눴다. 그러다가 영수 씨는 무심코 이런 말을 했다.

"그래도 오늘 나온 부인들 중에서 당신이 제일 예쁘더라."

"정말?"

그 순간 미선 씨가 갑자기 얼굴이 확 빨개지며 눈에 띄게 좋아하는 게 아닌가. 영수 씨는 아내의 그런 반응이 신선했다.

"정말 나 오늘 괜찮았어, 여보? 안 그래도 오늘 입고 나간 옷도 유행이 지난 거고 화장도 마음에 안 들었는데."

"아니야, 당신 세련돼 보이고 좋았어. 다음에도 그렇게 입어."

미선 씨는 그날 기분이 좋아 남편에게 커피도 타다 주고 회사일 힘들지 않느냐며 어깨도 두드려 주었다. 미선 씨의 얼굴이 활짝 펴진 것을 보고, 영수 씨는 그제서야 미선 씨가 원했던 대화가 무엇인지 깨닫고 혼자 빙그레 웃었다.

"아야, 여보! 이리 와서 이것 좀 빼 봐."

영수 씨가 퇴근하자마자 양말을 벗고 발을 들이밀었다.

"발바닥에 가시가 박혔나 봐. 걸어 다니는데 너무 아프더라. 어디 박힌 건지 보이지가 않아서 내가 뺄 수가 있어야지. 그렇다고 누구한테 빼달라고 하기도 그렇고."

미선 씨는 '하긴, 나 말고 누구한테 빼 달라고 하겠어.'라며 손톱깎이와 돋보기를 가져와 가시를 빼주었다.

"됐다. 이제 괜찮아, 여보!"

아내가 손끝에 올려놓은 가시는 머리카락처럼 가늘고 작았다. 눈을 가늘게 뜨고 보지 않으면 잘 보이지도 않을 정도였다.

"아야, 이렇게 가늘고 작은 주제에 박히니까 엄청 아프네."

영수 씨는 자신이 말해 놓고 자신이 작은 충격을 받았다. 혹시 지금까지 자신이 했던 말이 미선 씨에겐 가시가 되었던 것이 아닐까 생각해 보았다. 영수 씨의 입장에선 정말 작고 사소한 말이었지만, 그게 마음에 박힌 미선 씨는 너무나 아팠던 것이다. 영수 씨는 미선 씨에게 새삼 미안한 마음이 들었다.

그 뒤로 영수 씨는 가끔 뜬금없는 말로 미선 씨를 기쁘게 했다.

"여보, 쟤가 요즘 뜨는 아이돌 가수래. 귀엽다, 그렇지? 우리 예림이도 나중에 저렇게 귀엽게 컸으면 좋겠다."

"당신 젊었을 때보단 못한데?"

"어머, 당신도 참… 호호호."

물론 미선 씨도 객관적인 기준으로 자신이 더 예쁘지 않다는 걸 알고 있었다. 하지만 남편이 예쁘다고 해주는데 기분 나쁠 여자가 어디 있겠는가.

"정말이야. 당신은 특히 이렇게 웃을 때 예뻐. 게다가 나를 위해 살림해 주지, 우리 딸 키워 주지. 난 진짜 복 터진 남자야."

"당신도 웃을 때 멋있어, 특히 눈매가. 우리 예림이 아빠 눈 닮아서 크고 예쁘잖아."

이날 저녁 영수 씨와 미선 씨는 말 한마디의 힘이 이렇게 크다는 것을 깨달았다.

세 치밖에 되지 않는 혀로 한 가정이 불행하고 우울해지기도 하고, 반면에 이렇게 사랑이 넘치게 된다는 진리를 비로소 깨닫게 되었다.

2 아내는 내 인생의 소중한 동반자

윤아 씨는 긴장이 되서 아까부터 괜히 물만 들이켰다. 중매를 선 동네 아주머니와 함께 앉아 있는 자리였다. 처음 맞선이라는 걸 보게 된 것이다. 단순히 처음이라서 떨리는 게 아니라 자신이 처한 처지 때문에 걱정부터 앞섰다.

'내가 없는 집 장녀라서 싫다고 하면 어떡하지?'

윤아 씨는 몹시 가난하게 컸다. 윤아 씨의 엄마가 동생을 낳을 때 잘못되어 동생이 장애인이 된 게 첫 번째 시련이었다. 아버지는 이런 저런 이유로 세 식구를 놔두고 집을 나간 것이 두번째 시련으로 앞이 막막했다. 그래도 세 식구는 똘똘 뭉쳐 열심히 살았다. 윤아 씨는 행상을 나가는 엄마를 대신해 동생을 돌보고, 새벽에는 우유 배달과 전단지를 돌리며 생계를 위해 일했다. 동생도 중학생이 될 무렵부터 신문 배달이며 전단지 아르바이트며 할 수 있는 한에서 열심히 일했다.

아주머니께선 "중매로 결혼하면 조건 보고 맺어지는 거라고 말하는 사람들도 있지만, 그런 건 둘이 하기 나름이야. 내 주위에서 제일 참한 아가씨가 윤아 씨고, 또 내 주위에서 제일 괜찮은 총각이 그 사람이니까, 내 생각에는 둘이 아주 천생연분일 것 같은데?"라고 말씀하시지 않았던가.

"안녕하세요, 김진혁입니다" 하고 한 남자가 자리에 와서 앉는다. 미남은 아니지만 깔끔한 차림에 웃는 모습이 참 편안해 보이는 옆집 오빠 같은 사람이었다. 어떻게 인사를 나누었는지도 모른 채 정신없이 시간이 흐르고 어느새 아주머니는 자리를 비우고 둘만 남게 되었다.

"말씀 많이 들었어요, 어머님이 많이 편찮으시다고 들었는데, 윤아 씨가 참 고생이 많았겠어요."

긴장한 나머지 윤아 씨는 자신의 입장을 대뜸 말해 버렸다.

"전 계속 어머니도 돌봐 드려야 되고, 남동생은 장애인으로서 아직 기반을 못 잡았어요."

"저야말로 걱정했는데요? 저도 백마탄 왕자님이 못 되거든요. 저는 그냥 둘이 같이 손잡고 열심히 살아갈 분을 찾고 있었어요. 예쁘고 씩씩한 그런 분이요. 그래서 아주머니한테 윤아 씨 얘기를 듣고 만나보고 싶다고 생각을 했고요. 오늘 윤아 씨를 뵙고 보니 만나길 참 잘했다는 생각이 드네요."

윤아 씨는 진혁 씨의 말이 고마워 눈물이 날 뻔했다. 진혁 씨는 만난 지 석 달 만에 정식으로 프로포즈를 했다. 윤아 씨는 짧은 연애 기간이긴 했지만, 진혁 씨가 다른 조건 하나도 따지지 않고 자신만을 봐 주고 소중히 반겨 주는 사람이라는 걸 알았기 때문에 기꺼이 청혼을 받아들였다.

예비 시댁에 인사 가던 날!

윤아 씨는 맞선 보던 날처럼 가슴이 쿵쾅거리고 자신감이 바닥으로 떨어져 어쩔 줄 몰랐지만, 예비 시부모님은 의외로 윤아 씨를 반겨 주었다. 요즘 같은 세상에 그저 사람 하나 예의 바르고 밝게 자라면 된 거지 뭐가 더 필요하겠냐며 윤아 씨의 손을 따뜻하게 잡아주었다.

문제는 결혼 비용이었다. 윤아 씨는 프리랜서라 일이 많을 때는 제법 벌 수 있었지만, 그때는 이렇게 일찍 결혼할 줄 모르고 모은 돈을 모두 털고 대출도 받아서 작으나마 세 식구 살 집을 마련한 터라 수중에 모아놓은 여윳돈이 전혀 없었다. 다행히 결혼식은 시어머니의 배려로 예단도 최대한 간소하게 하고 예물, 혼수 등도 생략할 건 생략하고 꼭 필요한 것들만 마련하기로 했다. 시댁도 그리 넉넉하지 않았지만 고맙게도 친정에서 멀지 않은 곳에 전세집까지 마련해 주셨다.

윤아 씨는 이 모든 게 앞으로 더 열심히 살라는 시어머니의 격려의 선물이라고 생각되었다.

행복이란 중매 아주머니의 말씀대로 정말 두 사람 하기 나름이었다.

윤아 씨는 자신을 받아 준 진혁 씨와 시부모님께 감사하는 마음으로 결혼생활을 시작했다. 진혁 씨 역시 윤아 씨의 가족들을 다 감싸 안는 마음으로 보듬어 주었다.

윤아 씨는 오늘 아침에도 진혁 씨의 도시락을 싸며 감사해 할 사람들을 떠올린다. 다른 사람들처럼 졸립고 피곤하지만 오늘날 자신이 이렇게 행복한 결혼 생활을 하게 해준 사람들을 떠올리면 게으름을 피울 수가 없었다.

바르게 키워 주신 엄마, 함께 어려움을 겪고 자란 남동생, 자신을 받아주시고 딸처럼 아껴주시는 시부모님, 그리고 무엇보다 소중한 남편이 아닌가!

이들 젊은 부부는 아직 가진 게 별로 없다. 작은 전세 집에 자가용도 없다. 그렇지만 부부란 둘이 하나되어 역경을 헤쳐 나가는 인생의 소중한 동반자라는 사실을 가슴속 깊이 새기며 행복하게 살겠다고 다짐했다.

③ 가난한 날의 행복

 나영 씨와 기성 씨는 가난한 부부다. 대학을 졸업하자마자 결혼한 두 사람은 지금 인터넷에서 의류 쇼핑몰을 운영하고 있는데 예상보다 매출이 많지 않았다.
 이들 부부는 조금 있으면 나아지겠지 하는 희망으로 하루하루 버텨 나가고 있었다. 이런 힘든 상황에서 나영 씨가 임신을 계획성 없이 하게 되었다. 평소에도 식탐이 많았던지 임신하면서부터 음식에 대한 욕구가 더욱 강해졌다. 하지만 연일 적자이기 때문에 먹고 싶은 것이 있어도 마음 놓고 먹을 만한 형편이 되지 못했다.
 기성 씨는 임신한 아내에게 맛있는 것을 사 줄 방법이 떠오르지 않자 비상용 카드를 사용하기로 했다.
 "임신해서 먹고 싶은 음식 못 먹으면 눈이 짝짝이인 아기 낳는대. 그러지 말고 카드라도 쓰자."

"안 돼. 카드 값도 빚이잖아. 그거 못 갚으면 이자를 얼마나 많이 물어야 하는데…. 절대로 안 돼…. 우리 아기가 태어나기도 전에 엄마 아빠가 빚더미에 앉아 있으면 좋겠어? 난 괜찮아. 원래 음식의 반은 눈으로 먹는 거라잖아, 이렇게 눈으로 보고만 있어도 충분해."

나영 씨는 이렇게 기성 씨를 위로했다.

"이거 봤어? 어른들을 위한 동화인데 임신한 부부가 먹을 것이 없어서 마트에 있는 시식 코너에 가서 배를 채웠대? 우리는 아직 이 정도로 먹을 게 없는 건 아니잖아. 시골에서 아버님이 농사지어서 보내준 쌀도 있고, 김장김치도 잔뜩 담가 놨는데 뭐가 걱정이야?"

"그래도 어떻게 매일 김치만 먹냐고, 당신은 홀몸도 아닌데…."

"왜? 김치전도 부쳐 먹고, 김치볶음도 해 먹고, 김치찌개도 해 먹고. 김치만 가지고도 해 먹을 수 있는 음식이 얼마나 많은데."

"고기 좋아하는데 고기도 못 사주고 당신이랑 아기한테 정말 미안해."

"잊었어? 당신하고 나는 동업자야. 사업이 안 되는 건 우리 둘의 문제지, 당신만의 문제는 아니야. 임산부한테는 고기보다는 유산균이 풍부한 김치가 훨씬 더 좋대. 그러니 아무 걱정하지 말고 어떻게 하면 우리 쇼핑몰을 더 많은 사람들에게 알릴 것인지 고민해 봐."

"그래, 사람들에게 많이 알려야 하는데…. 지금은 워낙 인터넷 쇼핑몰이 많아서 어떻게 해야 할지 잘 모르겠어. 그래도 우리 물건은 질 좋은 걸로 승부를 걸어야지. 좀 지나면 입소문이 날 거야… 단골들을 좀 더 잘 관리해야겠다.

사업이 안 되면 싸우는 부부가 많다지만 기성 씨와 나영 씨는 서로를 위로하면서 위기를 넘기고 있었다.

"오늘 저녁에 등산동호회 모임이 있는데 거기 나가 봐야 할 것 같아. 저번에 우리 옷 공동구매하면 어떻겠냐고 물어 봤던 모임인데, 점퍼가 좋다며 단체로 주문한다고 했거든, 그래서 꼭 나가 봐야겠어."

"그래, 잘 됐다! 거기 회원수만 해도 만 명이 넘는 데 아니야? 몇 벌이나 주문할까. 100벌? 200벌? 근데 당신… 얼굴이 왜 그래?"

"내가 뭘?"

"아, 깜빡했어. 여기 회비."

나영 씨는 서랍 속에서 3만 원을 꺼내 주었다.

"이 돈, 어디서 났어?"

"저번에 엄마가 필요할 때 쓰라고 주셨어. 당신도 알잖아, 이것도 투자야. 오늘 당신이 회비 없이 가서 주문 못 받아오면 어떡해?"

기성 씨는 나영 씨가 주는 돈을 말없이 받았지만, 인맥을 통해서 장사를 하는 것은 장기적으로 볼 때 좋은 일이 아니라고 여겼다. 그래서 아는 사람에게 부탁하는 일은 거의 없었다. 하지만 워낙 형편이 어려워지고 나영 씨가 임신까지 한 상황이었기에 오래 전부터 활동해 오던 등산동호회 시샵에게 등산 점퍼 공동구매를 제안한 적이 있었다.

주문을 받으러 가는 발걸음이 가벼워야 했지만 집에서 혼자 김치에 저녁을 먹을 나영 씨가 걸렸다.

모임을 마치고 들어온 기성 씨는 나영 씨에게 검은 봉지 하나를 내밀었다. 나영 씨가 받아서 열어 본 봉지 안에는 잘 포장된 족발이 들어 있었다.

"이거 너무 맛있는데 너무 많이 시켜서 그런지 사람들이 이 접시에는 손을 안 대는 거야, 그래서 내가 싸 달라고 해서 가지고 왔어."

모임에서 나온 음식들을 보니 기성 씨는 나영 씨 생각이 나서 음식을 먹을 수가 없었던 것이다. 그래서 음식이 남게 되자 사람들 몰래 남은 것을 싸 달라고 해서 들고 온 것이었다. 족발 봉지를 받은 나영 씨는 기성 씨의 따뜻한 사랑에 가슴이 뭉클해졌다. 원래 유들유들한 성격이 아닌 과묵한 기성 씨가 남은 음식을 싸 달라고 하고, 그 음식을 받는 순간까지 어떤 얼굴을 하고 있었을까 생각하니 자신에 대한 사랑이 없으면 할 수 없는 일이라는 생각이 들었다.

"포장도 깔끔하게 잘 해서 줬지? 쌈도 따로 넣어 주고."

"뭘 이런 걸 싸들고 왔어."

나영 씨는 기성 씨가 남은 음식을 싸다 준 걸 미안해하는 마음을 위로라도 하듯 맛있게 족발을 먹으며 말했다.

"부자들은 어떻게 해야 행복을 느낄까?"

"갑자기 그게 무슨 소리야?"

"그 사람들은 작은 것에는 행복을 못 느끼고 살 것 같다는 생각이 들어서 말이야. 백만장자한테 금반지 하나 사 주면 그걸 받으면서 감동할 수 있겠어?"

"다이아몬드 정도는 박혀 있어야 느끼겠지?"

"그치? 난 그래서 가난한 게 나쁘지 않은 것 같아. 가난하니까 이 족발 하나에도 이렇게 감동하고 행복할 수 있는 거잖아. 자기의 사랑이 담긴 족발을 먹으니 아, 행복해!"

작은 것에 만족하고 그것에 기뻐하는 것이 행복이다.
행복은 큰 것도 아니고 멀리 있는 것도 아니다.
조금만 마음을 돌리면 그곳에 언제나 행복이 있다.

4 올 결혼기념일 선물은 뭘로 할까

"은지 엄마네는 아직 신혼처럼 사나 봐, 부러워라."
"그러게. 남편 정말 잘 만났어. 우리 신랑도 좀 보고 배웠으면 좋겠다."
동네 아주머니들의 칭찬에 소영 씨는 얼굴을 붉혔지만 기분은 날아갈 듯했다.
"어휴, 우리 신랑도 한 3년까지는 지극 정성이었는데…. 나도 다시 신혼으로 돌아가고 싶다."
"그러게. 우리도 한 7, 8년 살다보니까 일일이 챙기기 힘들더라고. 서로 슬쩍 넘어가게 된다니까."

동네 아주머니들의 수다와 상관없이 소영 씨는 요즘 설레고 하루하루가 기쁘다. 곧 결혼기념일이 다가오기 때문이다. 소영 씨의 남편은 자상하고 다정다감한 사람이다. 집안의 대소사며 가족들의 생일을 챙기는 일은 물론 결혼기념일이면 장미 꽃다발과 선물을 안겨 주어 아내를 감동시켰다. 소영 씨는 이런 남편의 노력이야말로 자신들이 아직도 신혼처럼 지낼 수 있는 비결이라고 생각했다. 올해도 당연히 그녀는 남편이 결혼기념일을 챙길 것이라고 믿었다. 결혼 7년째가 되다 보니 혹시나 하는 의심이 들기도 했지만.

어김없이 결혼기념일이 돌아왔다. 그런데 남편은 아무런 말도 없었다. 소영 씨는 동네 아주머니들의 말이 생각났다.

"우리 남편도 처음엔 그랬어. 두고 봐. 점점 시들시들해지다가 나중엔 결혼기념일은커녕 생일도 기억하지 못할 걸."

점심시간 무렵 남편에게서 전화가 왔다.

오늘 저녁에 어디 분위기 있는 곳에서 외식이나 하자고.

그녀는 서둘러 집안 일을 마치고 아이들 키우느라 평소엔 엄두도 내지 못했던 정장을 차려 입고 곱게 화장도 하였다. 나름대로 한껏 멋을 내보았다. 마치 연애 시절로 되돌아간 듯 조금은 긴장되고 설레기까지 했다.

약속 장소는 화려하지는 않지만 깨끗하고 조용한 레스토랑이었다. 레스토랑에는 남편이 먼저 와서 기다리고 있었다. 그녀는 자리에 앉으며 슬며시 남편 주변을 살폈다. 꽃다발과 선물이 있어야 할 자리에 아무것도 없었다. '이상하다. 아무것도 없네. 혹시 깜짝 이벤트를 하려고 어딘가에 숨겨 놓은 걸까? 그래, 그럴지도 몰라.' 소영 씨는 혹시나 하는 마음으로 웨이터가 테이블 근처로 다가오기라도 하면 혹시나 하는 기대를 몇 번이나 했다.

그러나 후식까지 먹고 집에 가야할 시간이 되었는데도 남편은 전혀 깜짝 이벤트를 할 분위기가 아니었다. 드디어 나한테도 올 것이 왔구나, 저녁 한끼로 때우겠다? 동네 아줌마들 말이 하나도 틀리질 않네. 서운한 마음을 가까스로 누르고 자리에서 일어서려고 했다. 그때 진지한 표정으로 남편이 양복 안주머니에서 흰 봉투 하나를 꺼내 탁자 위에 올려놓았다.

그녀는 '그럼 그렇지. 올해는 선물 대신 현금을 주려나보네. 무드는 없지만 그것도 괜찮지 뭐.' 하고 안도의 숨을 쉬면서 이게 도대체 무엇이냐는 표정으로 봉투를 쳐다보았다. 남편이 차분한 목소리로 말했다.

"올 결혼기념일 선물은 무언가 의미 있는 것을 하고 싶어서 많이 생각했어. 내가 우리 가족을 얼마나 사랑하는지, 당신 알아…."

그녀는 순간 뭔가 예사롭지 않은 분위기를 느꼈다. 조금은 긴장한 채로 조심스레 봉투를 열어보고 너무 놀라 고개를 떨구고 말았다. 그것은 남편이 평소에 그리도 싫어하던 보험증서였다.

"요즘같이 한 치 앞도 볼 수 없는 세상에 행여 내가 아프거나, 만일에 내가 없을 경우 당신과 우리 아이들을 지켜줄 수 있는 것이 무엇일까 생각해 봤어. 그나마 물질적으로라도 지켜줘야겠다는 생각이 들었어. 며칠 고민 끝에 내린 결론이야."

　남편의 말을 들은 그녀는 가슴 깊이 남편의 사랑으로 차오르는 것을 느꼈다. 그 깊은 속도 헤아리지 못하고 저녁 시간 내내 얄팍한 계산으로 머릿속이 분주했던 자신이 너무도 부끄러웠다.
　소영 씨는 고맙다는 인사도 제대로 하지 못한 채 자리에서 일어나 밖으로 나왔다. 그리 길지 않은 거리를 걸으며 마음속에서는 남편에게 하지 못한 많은 말들이 샘솟고 있었다.

　여보! 정말 고마워. 나도 더 많이 노력할게.
　하지만 당신이 없으면 이 세상 그 무엇이 소용이 있겠어요?
　당신은 그저 그 모습 그대로 우리 곁에 있어주기만 하면 돼. 그 자체만으로도 저와 우리 아이들에겐 든든한 버팀목이자 방패막이니까.
　그리고 잊지 말아줘. 당신과 우리 아이들을! 우리 가정은 신이 제게 주신 가장 귀한 선물이라는 걸.

　소영 씨는 굳이 말로 표현하지 않아도 남편의 꽉 잡은 손을 통해 자신의 이런 마음이 남편에게 전달되고 있음을 느낄 수 있었다.

⑤ 어느 신혼부부의 특별한 생일 파티

 신혼인 은진 씨는 아침부터 화가 났다. 아무것도 모르는 남편이 눈치 없는 투정을 해서 자신의 속을 긁었기 때문이다.
 "내가 미역국 싫어하는 거 알면서 아침부터 웬 미역국이야? 다른 국 없어?"
 "먹고 싶어서 끓였어. 다른 국은 없으니까 먹든지 말든지 해."
 은진 씨는 이렇게 대답했지만 속으로는 '아니, 오늘 내 생일인 것도 기억 못하고 아침부터 미역국을 끓였다고 타박이야! 결혼한 지 10년이 지났으면 말도 안 해. 겨우 12개월 됐는데 벌써 내 생일을 잊어버리다니…. 당신 생일에 두고 보자고. 내가 미역국 끓여 주나 봐라!' 하고 생각했다. 은진 씨는 국에 밥을 말아 혼자 급히 먹고는 서둘러 상을 치우기 시작했다.

"뭐하는 거야? 나 아직 밥 먹고 있잖아."

"미역국 싫다며. 그래서 밥 안 먹는줄 알았지."

자신의 생일을 기억하지 못하는 남편에 대한 섭섭한 마음에 은진 씨는 화풀이를 하고 있었다.

'남들은 그래도 신혼 초기에는 남편이 끓여 준 미역국을 먹는다는데 생일날 미역국 끓였다고 구박받는 사람은 나뿐일 거야.'

은진 씨는 상을 치우는 동안 눈물이 쏟아지려는 것을 억지로 참았다. 이런 일로 속 좁게 보이고 싶지 않기도 하고 자존심도 상해 이를 꼭 깨물어 보았지만 속상한 건 어쩔 수가 없었다. 출근하려 함께 차에 탄 뒤에도 은진 씨의 화는 가라앉지 않았다.

"오늘 나 늦으니까 당신이 알아서 밥 차려 먹어."

"왜? 무슨 일 있어? 당신 없이 내가 어떻게 혼자 차려 먹어?"

"내가 부엌데기 하려고 당신하고 결혼한 줄 알아?"

"누가 그렇대? 아니, 아침부터 이 사람이 왜 이렇게 까칠하게 굴어? 당신 뭐 잘못먹었어?"

"결혼 전엔 내 손에 물 한 방울 안 묻히게 해준다더니…. 암튼 나 오늘 저녁 모임 있으니까 그렇게 알아."

"무슨 모임?"

"김은진 생일 파티! 알았어?"

은진 씨는 한마디 내뱉고 휑하니 돌아서 지하철역으로 들어갔다. 그런 은진 씨를 바라보던 동희 씨는 커다란 망치로 뒤통수를 한 대 맞은 것 같았다. 동희 씨는 날짜를 꼽아 보고 아차, 싶었지만 은진씨의 마음은 이미 상할 대로 상해 있었다.

　동희 씨는 일이 손에 잡히지 않았다. 아내에게 전화하려고 핸드폰을 만지작거렸지만 미안하다는 말 외에는 할 말이 없어 그것도 그만두었다.

　"새신랑, 무슨 고민이 있어? 오늘은 왜 이리 기운이 없어?"

　"그게… 오늘 집사람 생일인 걸 잊어버리고 아침부터 미역국 끓였다고 투정을 했어요."

　"이야, 이거 죄를 지어도 아주 큰 죄를 지었어. 여자들은 그런 거에 얼마나 민감한 줄 알아? 아마 그거 적어도 10년은 갈 걸."

　"어떡하죠?"

　"방법이 있지. 새신랑이 생일상을 차려 주는 거야."

　"저는 요리할 줄 모르는데요? 그냥 좋은 식당에 가서 먹으면 안 될까요."

　"그건 어제 생각했어야지. 지금 근사한 식당에 데리고 가는 건 엎드려 절 받기지."

　그날 동희 씨는 다른 날보다 일찍 퇴근했다. 늦었지만 아내의 생일을 챙겨 주기 위해 깜짝 파티를 준비할 생각이었다. 마트에 장을 보러 갔는데 난감해졌다. 아내가 좋아하는 음식이 떠오르지 않았다.

　동희 씨는 급하게 자신이 아내와 연애하던 때에 무엇을 먹으러 다

넜는지 기억을 떠올려 보았다. 대구지리, 청국장, 아구찜…. 하지만 아무리 생각해도 자신이 좋아한 메뉴밖에 기억나지 않았다. 아내가 언제나 동희 씨의 식성에 맞춰 주었기 때문이다.

'어떻게 집사람이 뭘 좋아하는지도 모르냐.'고 생각하면서 식재료 코너를 몇 번이나 서성였지만 도무지 아내가 좋아하는 음식을 고를 수가 없어 장모님께 전화를 걸었다.

"집사람 생일상을 차려 주려고 하는데, 이 사람이 뭘 좋아하는지 모르겠습니다."

"갠 꼬막무침을 제일 좋아해. 동그랑땡도 좋아하지."

꼬막무침, 동그랑땡… 좀처럼 식탁에 올라온 적이 없는 음식들이었다. 은진 씨는 연애할 때뿐만 아니라 결혼해서도 언제나 동희 씨가 좋아하는 메뉴에 맞추어 상을 차려 왔었다. 동희 씨는 생색 한번 내는 일 없이 자신을 배려해 주었던 것이다.

집에 도착한 동희 씨는 서둘러 요리를 시작했다. 인터넷으로 찾아낸 조리 방법대로 흉내 낸 음식들이 식탁에 하나 둘씩 오르자 동희 씨는 마음이 뿌듯해졌다. 해냈다는 성취감도 들고, 아내가 음식을 맛있게 먹는 상상을 하니 저절로 기분이 좋아졌다.

'식탁을 차리는 아내도 이런 마음이었을까?'

사랑하는 사람을 위해 정성스럽게 손수 만든 음식을 바라볼 때 느끼는 포만감! 평소에 아내가 차려 주던 밥상이 얼마나 소중하고 감사한 것인지를 동희 씨는 요리를 하면서 느꼈다.

상은 다 차려졌지만 아내는 돌아오지 않았다. 아내의 핸드폰은 전원이 꺼져 있었다. 동희 씨는 애써 만든 음식들이 식어 가는데도 아내가 돌아오지 않자 짜증이 났다. 한참 동안 거실을 서성이던 동희 씨는 갑자기 피식 웃음이 났다.
　내가 연락 없이 친구들과 술을 마실 때 집사람도 이런 느낌이 들었을까? 그럼 이 사람도 화가 많이 났을 텐데….

　늦은 시간까지 아내가 돌아오지 않자 동희 씨는 아내를 마중하기 위해 집을 나섰다. 아파트 놀이터를 지나는데 아내가 그네에 앉아 있었다.
　"당신, 안 들어오고 여기서 뭐해? 날도 추운데."
　"어머, 깜짝이야. 당신이 여긴 웬일이야?"
　"친구들하고 술 마시다 늦게 오는 거 아니었어?"
　"그러고 싶었는데 내 생일이라고 생일턱 내라고 할 거 아냐? 그렇게 되면 우리 생활비 절반은 나갈 걸."
　"그럼 여태 여기 있었어?"
　"당신 오늘도 늦을 줄 알고 일찍 퇴근했는데 집에 불이 켜져 있잖아. 아침에 모임 있다고 늦을 거라고 큰소리쳤는데 자존심 상하게 어떻게 들어가? 그래서 여기 있었어."
　아내는 뽀로통해 있었지만 어느 정도 화는 풀려 있는 것 같았다.
　동희 씨는 아내의 앞으로 가서 손을 잡고 입김을 불어주었다.

"춥지. 그럼 어디 따뜻한 곳에라도 들어가 있지 않고…."
"돈 아깝게 뭐하러 그래."
"이러다 감기 들겠다. 얼른가자. 내가 상 차려 놨어."
"상을 차렸다고… 당신이?"
눈이 휘둥그레진 아내의 손을 잡고 동희 씨는 집안으로 들어섰다. 식탁에는 동희 씨가 차린 음식들이 놓여 있었다. 그리고 식탁 한가운데 장미꽃 한 송이가 놓여 있었다.
"어머, 웬 장미?"
"한 다발 사고 싶었는데 당신이 '그 돈이면 고기가 몇 근인데'하고 잔소리 늘어놓을 것 같아서 그냥 한 송이로 내 마음을 표시했어. 당신! 빨간 장미 꽃말이 뭔지 알지? 그게 내 마음이야."
"여보!"
은진 씨는 장미처럼 활짝 핀 얼굴로 동희 씨에게 안겼다.

이후 10년이 지난 지금까지 동희 씨는 한 번도 아내의 생일을 잊지 않았다. 비록 1년에 한 번씩 하는 생일 상차림이지만 그날만은 꼭 아내 은진 씨가 좋아하는 꼬막무침과 동그랑땡을 빠뜨리지 않았다. 그때마다 아내는 기쁜 얼굴로 동희 씨가 해준 음식을 먹었다. 행복해하는 아내의 얼굴을 보면서 동희 씨는 내년 생일에는, 또 다음 해 생일에도 올해보단 더 기쁘게 해 주어야지 하고 다짐했다.

6 아내의 비상금 챙겨 주기

아내가 일하는 직장에서 회식이 있는 날이었다.

나 역시 동료의 환송식이 있었지만 다행히 아이를 데려갈 수 있는 자리여서 아이는 내가 맡기로 하고, 아내에게 모처럼 자유로운 시간을 보내라고 말했다. 퇴근시간이 되자 곧바로 나는 아이를 데리러 갔다. 조금 늦기는 했지만 동료들과 함께 어울려 식사를 했다. 그러나 어른들만 있는 자리라 적응이 되지 않았는지 집에 가고 싶다고 칭얼대는 아이 때문에 그저 인사치레만 하고 먼저 자리를 떴다.

집에 도착하니 어느새 밤 10시가 가까운 시간이었다. 아이를 재우고 있는데 아내로부터 가벼운 술자리가 생겨 조금 늦겠다는 연락이 왔다. 전화가 온 뒤 한참이 지났고, 새벽 1시가 다 되어도 아내는 돌아오지 않았다.

이런 적이 한 번도 없었기 때문에 한편으로 걱정이 되기도 하고, 다른 한편으론 짜증이 나기도 했다. 초조한 심정으로 기다리고 있는데 전화벨이 울렸다. 발신번호를 보니 아내였다. 아내가 말을 꺼내기도 전에 나는 대뜸 짜증부터 냈다.

"도대체 지금이 몇 시야?"

아내는 다소 긴장된 목소리로 말했다.

"미안해, 여보! 여기 지금 교대역이야. 시간을 맞춘다고 했는데 처음 와보는 데라서 지하철역까지 오는데 헤맸더니, 글쎄 갈아타는 3호선이 끊어졌어."

"그럼 택시라도 타고 오면 될 것 아니야."

"지갑을 뒤져봤더니 돈이 딱 떨어졌더라고."

"그럼 그냥 타고 와. 내가 집 앞에서 기다리고 있을게."

퉁명스럽게 전화를 끊으려는 순간 내 지갑에도 돈이 없다는 사실을 깨닫고 황급히 전화에 대고 소리쳤다.

"잠깐! 그냥 내가 나갈게."

곤히 잠든 아이를 데리고 서둘러 차를 몰고 교대역으로 향했다. 나도 처음 와보는 곳이어서 아내와 만나기로 한 출구가 어느 쪽인지 알 수가 없어서 빙글빙글 돌았다. 겨우 차를 주차시키고 자는 아이를 안고 지하도로 내려가 아내에게 전화를 걸었다. 한참 후 서성거리다 출구 밖 건널목 앞에서 추워서 발을 동동거리고 있는 아내를 발견할 수 있었다. 아내는 몹시 반가운 표정이었지만 나의 얼굴은 일그러져 있었다.

아내를 태우고 집으로 돌아오는 내내 얼굴 표정을 바꾸려고 노력했지만 좀처럼 화난 마음을 숨길 수는 없었다. 아내가 미워서 그런 것은 아니고 짜증이 나서 그랬다.

집으로 돌아와 아이와 아내가 잠든 뒤 밀린 일을 정리하는데, 아침에 아내에게 주려고 찾아놓았던 비상금을 미처 챙겨주지 못한 사실이 뒤늦게 떠올랐다.

돈 관리는 내 몫이었다. 적금 붓고, 각종 세금과 공과금을 내고 각자 부모님 댁에 용돈을 보내고…. 맞벌이가 시작되면서도 여전히 돈 관리는 내 몫으로 남아 있었다. 아내가 헤프고 계획성 없는 여자라 그런 것은 아니었다.

어린 시절을 지독한 가난 속에 보낸 내가 아내보다 소비에 더 엄격한 성격이고, 돈에 집착하는 경향이 있어서 신혼 초에 아내와 심각하게 싸운 적이 많았다. 결국 아내가 이런 나의 성향을 배려해서 경제권을 내게 맡긴 것이었다.

대신 내가 가끔 아내에게 비상금을 챙겨주었는데, 그래도 아내의 지갑은 비어 있는 경우가 많았다. 항상 가족들 먹을거리를 사오느라 쓰고, 또 내 오래된 와이셔츠를 보고 시장에 들러 사오고 하느라 써버리곤 했기 때문이다.

내가 좀 더 여유 있게 아내의 지갑에 비상금을 챙겨주었더라면 오늘 같은 사태는 없었을 텐데 하고 생각하니 새삼스레 아내에게 미안한 마음이 들었다. 게다가 오늘 회식만 해도, 나는 자주 회식이다 동창 모임이다 해서 늦지만, 아내는 어쩌다 하루 늦은 것을 가지고 죄인 취급을 했으니 참으로 소인배다운 행동이 아니었는지….

아내를 위해 배려해 줄 줄 아는 마음, 나는 이것이 필요한 줄 알면서도 아내의 비상금을 넉넉히 챙겨주지 못했던 것을 뉘우치며 아내의 지갑에 비상금을 넣었다. 그리고 미안한 마음을 전하려고 작은 메모지를 아내의 지갑 안쪽에 붙였다.

'여보, 항상 고맙소.'
우리 아내 파이팅!

다음 날 내 메모를 발견하고 환하게 웃는 아내의 얼굴을 보니… 나도 덩달아서 따라 웃고 있었다.

7 생생 임신 체험 교실

"오늘도 늦어?"

불만스러운 아내 미경 씨의 목소리에 미안하다고 하려던 선우 씨는 그만 울컥 짜증을 내고 말았다.

"그럼 다 같이 마감 걸려서 야근하는데 나만 어떻게 빠져?"

"당신이 마감 아닐 때가 어디 있어? 하루 정도는 일찍 나오면 안돼."

"내일은 일찍 들어갈게. 먼저 자."

미경 씨는 임신 8개월째다. 몸이 무거워져 움직이는 게 힘들다고 했다. 혈액 순환도 안 되고 소화도 잘 안된다는 말을 입에 달고 살았다. 선우 씨는 자기 나름대로 할 만큼 했다고 생각했다. 아내가 먹고 싶다는 야식도 사다 주고, 주말에 아내가 장을 보면 옆에서 들어주고 또 음식물 쓰레기도 버려다 주었다.

그런데도 자꾸 힘들다며 이것저것 부탁만 해대고 불평만 해대는 아내가 가끔은 이해가 안 되었다. 오늘만 해도 자신이 바쁜 시기라는 걸 알면서 위로는 못해 줄망정 일찍 들어오라고 난리만 치니, 일에도 치이고 아내에게도 치인다는 느낌에 선우 씨는 머리가 지끈거렸다. 이때 과장님의 호출이 있었다.

"자네가 여기 좀 다녀와."

과장님이 내놓은 것은 기획안과 행사 안내문이었다.

"이게 뭡니까? 생생 임신 체험 교실?"

"원래는 내가 다녀와서 기사를 쓰기로 했는데 다른 일정이랑 겹쳐서 도저히 안 될 것 같아서 말이야. 김선우 씨가 한번 갔다 오지? 마침 안사람도 임신 중이니 같이 다녀오면 좋을 거야."

다음 날 선우 씨는 어쩔 수 없이 아내와 함께 행사가 열리는 근처 복지관을 찾았다.

"어서 오세요. 어머, 배가 많이 부르셨네요."

"환영합니다."

입구에서 자원봉사자들의 안내를 받아 강당으로 들어가니, 예상했던 대로 자신과 같은 예비 부모들이 많았다.

선우 씨는 아내를 일단 자리에 앉히고, 강사가 강연을 하는 동안 녹음기를 틀고 촬영을 시작했다. 미리 양해를 구한 터라 순조롭게 진행할 수 있었다.

잠깐의 휴식시간 뒤에 자원봉사자가 선우 씨를 불렀다. 자원봉사자가 내민 것은 가슴과 배가 불룩한 볼썽사나운 옷이었다.

"기자님도 이거 하셔야 돼요."

"이게 뭡니까."

"임신 체험복이라는 건데요. 임신한 아내의 몸이 얼마나 무겁고 힘든지 경험으로 알 수 있게끔 제작된 옷입니다."

"제가 이걸 꼭 해야 돼요."

"그럼요, 기사를 쓰실 분이니 더더욱 하셔야죠."

자원봉사자들의 도움을 받아 선우 씨는 임신 체험복을 입었다. 선우 씨는 옷을 입은 채로 자리에서 앉았다 일어나려다 깜짝 놀랐다.

"뭐가 이렇게 무거워?"

"10킬로그램 정도 된대."

아내 미경 씨가 말했다.

"거짓말! 아기가 그렇게 무거울 리가 있나."

"아기 무게만 있는 게 아니라 아기를 키워야 하니까 엄마의 무게도 늘어나는 거야."

"으으…."

선우 씨는 다른 예비 아빠들과 함께 강사의 지시대로 요가도 하고 걸어다니기도 하고, 청소며 설거지 등 집안일도 해보았다. 행동 하나하나가 힘들고 배가 거치적거려서 여간 불편한 게 아니었다. 특히 장바구니를 들고 계단을 오르는 게 힘이 들었다.

두 시간 만에 선우 씨는 지쳐서 자리에 주저앉았다. 이마에 땀이 흐르고 허리도 지끈지끈 아팠다.

"아이고, 정말 힘들다."

그때 강사의 목소리가 들려 왔다.

"자, 예비 엄마들은 예비 아빠한테 가서 물 한 잔 떠오라고 시키세요."

"여보, 들었지? 저기 가서 물 한 잔 떠다 줘. 아, 목마르다."

"뭐, 뭐? 이렇게 지쳐 있는 사람한테 지금 물 심부름을 시키는 거야? 그 정도는 자기가 알아서 갖다 먹어야지."

말을 하다가 선우 씨가 아차 하고 입을 꾹 다물었다.

바로 자신이 어제까지만 해도 아내에게 이런저런 잔심부름을 시키지 않았던가!

아침에 어쩌다 늦잠을 자서 아침상을 차리지 못한 걸 가지고 게으르다고 타박하고, 물 가져오라, 양말을 찾아다줘라, 와이셔츠를 다려달라 등등 말했던 자신의 모습이 머릿속에 스쳐 지나갔다.

이날, 선우 씨는 깨달은 바가 많았다.

임신을 하면 '무거운 몸'이라고 하는 게 그냥 비유적으로 하는 말인 줄로만 알았는데, 정말로 무거워서 그냥 돌아눕기도 힘든 몸이었던 것이다.

'괜히 징징거리는 게 아니었구나.'

선우 씨는 아내에게 미안한 마음이 들어 미경 씨의 손을 잡았다. 다른 부부들도 서로 손을 잡고 이야기를 나누고 있었다.

"여보, 그동안 내가 당신 힘든 거 이해해 주지 못해서 미안했어."

선우 씨가 용기를 내어 사과를 하자 미경 씨는 기쁜 듯 웃었다.

"아니야, 나도 신경이 날카로워져서 당신한테 기대려고만 했던 거 미안해. 요즘 마감이라 바쁘지? 저녁은 어떻게 먹어."

"회사에서 먹지."

"컵라면 같은 걸로 때우는 거 아니야? 내가 도시락 싸줄까."

"됐어. 힘들게….."

"당신 얼굴이 마르는 거 같아서 그래."

오랜만에 아내와 따스한 대화를 나누다 보니 선우 씨는 어쩐지 가슴이 뭉클해졌다. 미경 씨도 같은 기분을 느꼈는지 두 사람은 좀 더 힘 있게 서로의 손을 꼭 잡았다.

선우 씨는 자신이 체험하고 느낀 그대로 기사를 썼고, 독자들에게서 훈훈하고 따뜻하다는 좋은 평을 받았다. 그 후 그때의 무거움과 괴로움을 항상 기억하면서 아내를 돕고 챙겨 주려고 노력했다. 선우 씨는 아내가 드디어 예쁜 아기를 낳았을 때 더 큰 감동을 느낄 수 있었다. 아내의 고통을 이해하고 함께 나누었으니 기쁨 역시 더더욱 크게 다가올 수 있었다.

8 남편이 말을 잃은 이유

친구인 세호를 몇 년 만에 만난 나는 당황하지 않을 수 없었다. 명랑했던 그의 모습은 어디에서도 찾아볼 수 없었다. 그는 한참 만에 고민을 털어놓았다.

2년에 걸친 연애 끝에 결혼한 이 친구는 누구나 부러워하는 잉꼬 부부였지만 첫 아기가 태어난 이후에 다시 만난 그는 무뚝뚝하고 무감각한 사람으로 변해 있었다. 그 후 몇 번 더 만났지만 그저 머리만 꾸벅할 뿐 도무지 즐거운 대화를 할 수 없었다.

얼마 후 친구의 집을 방문할 기회가 생겼다. 그리고 그 곳에서 친구 부인의 이상한 태도를 발견하게 되었다. 시어머니가 부인에게 물었다.
"아가, 저녁 반찬은 생선이니?"

나는 당연히 친구의 아내가 '네, 어머니' 정도로 대답할 것이라고 생각했다. 그런데 친구의 아내는, "왜요? 생선 싫으세요? 그럼 뭐가 좋으신데요"하고 뾰족하게 대답하는 것이었다.

부엌 식탁 위에는 친구의 아내가 방금 사온 생선이 놓여 있었고, 그것을 본 시어머니가 확인도 할 겸 가볍게 물었으리라. 하지만 친구의 아내는 필요 이상으로 날카롭게 반응했고, 그 자리는 이내 서먹서먹해졌다. 그런데 그게 끝이 아니었다. 저녁을 먹고 차를 마실 때는 이런 일도 있었다.

"이 녹차 어디서 샀니?"

시어머니가 묻자 친구의 아내가 정색을 하며 받았다.

"녹차가 어떻게 됐나요? 맛이 이상해요?"

물어 본 사람의 의도를 오해하지 않고서는 할 수 없는 대답이었다. 나는 그제야 친구가 달라진 이유를 알 것 같았다.

나는 나중에 친구 세호와 오랜만에 진지하게 이야기 할 기회가 있었다. 친구는 결혼 후 부인이 많이 변했고, 자기도 당황스럽다고 말했다. 하지만 여러 이야기를 듣다 보니 부인이 변했다기보다는 그동안 친구가 모르고 있던 부인의 또 다른 모습이 나타난 것이다.

결혼 생활은 그녀의 숨겨진 결점을 드러나게 하는 알맞은 계기가 되었던 것이다. 활달하고 밝은 성격의 그녀는 자발적으로는 일을 잘하지만, 남이 간섭을 하거나 자신과 다른 의견을 말하면 금세 정색을 하고 발끈하는 성격이었다.

　하지만 연애를 하는 동안 친구는 그런 면을 눈여겨 보지 못했을 것이고, 그녀 역시 최대한 자제를 했을 것이다. 결혼해서 아기를 낳고 새로운 생활에 익숙해지자 잠시 숨겨졌던 성격이 나타나기 시작했던 것이다. 나는 친구에게 부인과 대화로 해결하라고 당부해 보았지만, 그는 아예 그것은 부질 없는 일이라고 말한다.

　그리고 몇 개월 후 나는 친구 세호를 다시 만났다. 그는 놀랍게도 예전의 명랑한 모습으로 되돌아와 있었다. 나는 친구가 부인과의 문제를 지혜롭게 해결했나보다 하고 생각했는데, 그게 아니었다.
　친구는 얼마 전 지방 근무 발령을 받고 부산으로 내려간 상태였고 지금은 주말 부부로 지내고 있다는 것이다.
　나는 마음이 아팠다. 서로 떨어져 있어야 행복한 사람들…. 부인은 자신이 남편에게 그런 존재라는 것을 알고 있을까….

　함께 있음으로 해서 상대에게 힘이 되고 격려가 되어 주는 부부가 있는가 하면, 그 반대의 사람도 있다. 나는 지금 내 곁에 있는 남편에게 어떤 존재일까? 또 나는 내 곁에 있는 아내에게 어떤 존재일까? 가끔 이렇게 자문해 보는 시간이 필요한 것 같다.

9 울지 않는 바이올린

아내인 동시에 친구일 수도 있는 여자가 참된 아내이다.
미우라 아야코는 그의 글 '울지 않는 바이올린'에서 부부 사이에 따뜻한 말 한마디가 계속되는 한 울지 않는 바이올린이란 없을 것이라고 했다.

남편의 친구가 어느 날 우리 집을 방문했다.
그는 얼굴도 잘 생겼으며 건강하고 모든 점에서 뛰어난 사람처럼 보였다. 남편과 함께 다과를 나누는 동안 그는 아름다운 목소리로 시를 읊기도 하고 노래를 부르기도 했다.
그의 부드러운 목소리에 매혹된 나는 "악기도 다룰 줄 아세요" 하고 물었다. 그러자 그는 "악기요…." 하더니, 곧 감개무량한 듯 무언가를 회상하는 표정이었다. 한참 망설이던 그는 이내 입을 열었다.

"실은, 바이올린을 했습니다. 하지만 지금은 울지 않는 바이올린이 되었지요."

"어머나, 바이올린을요? 그런데 왜 그만두셨어요?"

궁금했던 나는 그만 너무 직설적으로 묻고 말았다.

"실은, 결혼 당시 새색시였던 제 아내한테 핀잔을 받았어요. 제 처는 제가 바이올린을 켤 때면, '우리 집 남자들은 참 잘 켰어요.'라고 말하곤 했죠. 제 바이올린 솜씨가 형편없다고 직접 말하지 않았지만, 그게 무슨 의미인지 알 수 있었죠. 안 그런 척했지만 그 한마디는 내게 충격을 주었던 거죠. 그 충격이 어떤 것인지 아주머니께서는 잘 모르실 겁니다."

그날 밤 그의 말은 내 가슴에 와 닿아 쉽게 떠나가질 않았다.

그는 모든 면에서 남보다 빼어났고 남들이 보기에도 남의 말로 하여 놀라거나 충격을 받을 만한 사람으로는 보이지 않았다. 그러한 그가 자기 아내가 무심코 던진 말에, 그후 20년 동안 단 한번도 바이올린을 켠 적이 없다는 말을 듣고, 인간이란 참으로 상처받기 쉬운 존재가 아닌가 하는 생각이 들었다. 한편으론 '내 남편도 얼마나 많은 〈울지 않는 바이올린〉을 숨기고 있을까' 하는 생각이 문득 들었다.

궁금해진 나는 남편에게 마음속에 울지 않는 바이올린이 있느냐고 물었다. 그랬더니 "아니야, 당신은 울지 않는 바이올린을 울게 만들어 주는 편이야"라고 부드럽게 말해 주는 게 아닌가.

우리 부부가 결혼한 지 벌써 20년! 그동안 나는 남편을 경멸하거나 미워한 적이 결코 없었다. 비교적 직설적이고 솔직한 성격이어서 오히려 칭찬 한마디를 해도 분명하게 내뱉는 편이었다.

"당신의 노래 솜씨가 멋지니까 우리 집에는 텔레비전 같은 건 필요 없어요."

이렇게 자랑스럽게 말하거나, 남편이 노래를 부를 때면 열정적으로 남편의 얼굴을 바라보고, 슬픈 노래를 부를 때엔 눈물을 흘리며 듣곤 했다. 남들이 보면 다 늙어서 주책이라고 비웃을지도 모른다. 하지만 남편의 노래가 더할 수 없이 즐거운 것은 사실이다.

부부란 이것으로 족한 게 아닐까. 굳이 그의 노래를 다른 사람에게 들어달라고 부탁할 필요도 없다. 내 앞에서 실컷 노래를 부른 날이면, "오늘 밤은 두 시간이나 노래를 불렀어…."라고 남편은 너스레를 떨며 잠자리에 들곤 했다.

하지만 나는 그가 속으로 '이 여편네가 나한테 한 푼도 내지 않고 노래를 부르게 했구나. 지독한 여잔데…'라고 생각하지 않으리라는 것쯤은 알고 있기 때문에 마음껏 행복할 수 있다.

어느 날 아내 때문에 바이올린을 켜지 못했던 그 친구는 한참 훌륭한 노래를 부르고도 자신의 집에서는 이렇게 편한 마음으로 노래할 수 없었다고 하소연했다. 그리고 말을 이어갔다.

"우리 집 녀석은 제가 노래하는 걸 싫어해요. 언제는 된장 썩는 것 같다고 평하기도 하고, 또 한번은 너무 시끄럽다고 소리를 치더라구요."

이에 나는 "어머나 정말 안됐군요. 그렇게 훌륭한 노래를 집에서 못 부르시니 정말 아쉬운데요."라고 속마음을 전했다.

이렇듯 정감 있고 사랑이 넘치는 노래를 어째서 그 사람의 아내와 아이는 들어주지 않았는지 이상할 정도였다. 설사 자기 남편이 음정이 틀리게 부른다 해도, 가슴에 사랑만 있다면 기꺼이 들어주고 만족해야 하는 게 도리가 아닐까?

언젠가 쉬는 날 집에서 조그만 의자를 만들었던 적이 있었다. 값 비싸고 고급스런 의자와는 달랐지만 나는 그것이 그 나름대로 더욱 큰 값어치가 있다고 생각했다. 그런 내 마음을 전해 주는 방법은 그저 아무 말 없이 남편이 그 의자에 앉아서 기뻐해 주는 것이 전부였다. 또한 무기력해져서 남편이 직장에서 있었던 일을 푸념삼아 얘기할 때에도 그것이 다소 지루할지라도 조금은 감탄하며 들어주는 것 역시 남편에 대한 작은 사랑이자 배려라고 생각해 왔다.

이렇듯 가정이란 별것 아닌 작은 이야기도 부부 사이에선 자랑삼아 나눌 수 있고, 또 받아들일 수 있는 따뜻한 곳이어야 하지 않을까. '울지 않는 바이올린'이 아니라 '울 수 있는 바이올린'으로….

10 입덧 아내에게 밥상 차려 주는 남편

어느덧 우리 부부가 결혼한 지 6년이란 시간이 흘렀다.
지나온 시간을 곰곰이 되돌아보면, 지금까지 내가 아내를 위해 해준 것은 단지 한 달에 한 번 정도의 설겆이와 가끔 세탁기에서 빨래를 꺼내주는 것이 전부였다.

우리는 결혼하자마자 허니문 베이비를 가졌다. 그래서 남들처럼 신혼의 즐거움을 만끽하기도 전에 출산과 육아의 부담을 생각해야 했다. 하지만 결혼 직후 직장을 바꾼 나는 오히려 가정에 신경쓸 시간이 그리 많지 않았다. 그때는 바깥일에만 신경쓰는 내게 아내 입장에선 서운한 점이 한두 가지가 아니었겠지만 나는 그때마다 무심히 넘어갔다. 이 정도로 무심한 남편이었으니 '결혼하자마자 아기를 가진 아내가 얼마나 정신적·육체적으로 힘들었을까' 하고 생각하기에는 더욱 미치지 못했던 것이다.

그런데 근래에 와서야 나는 이전까지 몰랐던 여러 가지 것들을 조금씩 알게 되고 깨닫기 시작했다. 그 계기는 아내의 두 번째 임신이었다. 속 몰랐던 나는 아내가 입덧이란 걸 모르는 줄 알았다. 그런데 이상하게도 유난히 입덧이 너무 심해 아무것도 못 먹는 것이 아닌가.

"첫애 때는 안 그렇더니 왜 그러지?"

무심코 얘기를 던지자, 갑자기 아내는 무서운 눈빛으로 나를 노려보았다.

"첫애 때도 마찬가지였단 말야. 지금보다 더했으면 더했지 덜하진 않았다구."

'그랬구나…. 그땐 왜 몰랐을까?'

미안한 마음에 나는 아무 대꾸도 할 수가 없었다.

냄새가 괴롭다며 부엌에도 들어가지 못하는 아내를 지켜보니, '첫애를 가졌을 땐 어떻게 나에게 밥상을 차려 주었을까?' 하는 생각이 들었다.

너무도 미안한 마음이 든 나는 내 자신의 생활을 전면 수정하기로 마음먹었다. 매일 새벽마다 인터넷 신문을 보던 습관을 잠시 미루고 부엌으로 들어갔다. 그리고 정성들여 아침을 준비했다. 그리고 자신이 할 줄 아는 것이 고작 밥 짓는 것과 한두 가지의 반찬이 전부라는 사실을 알고 아내의 위대함을 느꼈다. 아내는 마치 요리사처럼 사시사철

각종 밑반찬과 손님 접대 음식 등을 잘했기 때문이다.

어설픈 솜씨로 처음 내가 차린 밥상을 받아든 아내는 그냥 어쩌다 한 번이라고 생각하는 것 같았다. 하지만 그런 생각을 깨주기 위해 입덧이 가실 때까지 계속 아침과 저녁을 준비하기로 결심했다.

'우리 남자들이 이 세상에 태어나서 누군가에게 따뜻한 밥상을 차려준 적이 몇 번이나 있을까?'

결혼하기 전까지는 내내 부모님께 받으면서 살아왔고, 결혼 후에는 힘들어하는 아내의 밥상을 아무 생각없이 습관처럼 받고 지내왔다. 하지만 손수 아내의 밥상을 차리다 보니, 이만큼 사랑하는 행위도 없다는 것을 깨닫게 되었다.

"차려주는 밥이 이렇게 맛있는 줄 몰랐어."하며 보잘 것 없는 내 밥상을 받고 행복해하는 아내의 모습이 잊혀지지 않는다.

'사랑은 새로운 체험이다.'

남편은 아내의 신발을 신어 봐야 하고, 아내는 남편의 신발을 신어 봐야 부부 간의 사랑을 진심으로 체험할 수 있을 것이다.

11 아내의 찢어진 속옷

아내 도희 씨는 오늘도 남편 경훈 씨에게 화를 내고 있다. 그가 또 자신과 상의도 없이 어렵다고 찾아온 친구에게 덜컥 오십 만원이라는 큰돈을 빌려 주었기 때문이다.

"내가 미쳐. 당신 월급이 천만 원이라도 돼? 한 달에 400만 원도 못 버는 사람이 무슨 배짱으로 그렇게 매달 친구들한테 받지도 못하는 돈을 빌려 줘?"

"사정이 안됐잖아. 다음 달에 꼭 갚겠다고 하는데…."

"돈은 어디서 나서 빌려 줬어?"

"카드로 긁어서 줬지."

"내가 미쳤지, 정말. 당신한테 카드 만들어 주는 게 아니었는데. 당장 카드 줘. 압수야!"

"다음부터는 안 그럴게."

"난 이제 당신이 콩으로 메주를 쑨다고 해도 안 믿어. 얼른 카드 나줘. 이거로 현금 서비스 받으면 이자가 얼마나 높은데…."

예스맨으로 불리는 경훈 씨는 아쉬운 소리를 하는 후배나 친구들에게 돈을 빌려 주고 받지 못하거나, 모임에서 술값을 대신 계산하는 일이 종종 있었다. 도희 씨는 이런 경훈 씨의 성격 때문에 화를 많이 냈지만 천성이 그렇다 보니 닦달해 봐야 별 소용이 없었다. 경훈 씨 월급에서 초등학교 다니는 아들 뒷바라지하고 은행 대출금까지 갚으려면 도희 씨 역시 새벽에 우유라도 배달해야 할 판이다. 하지만 허리 수술을 한 뒤 아직도 회복기에 있는 몸으로 밖에서 하는 활동적인 일을 할 수가 없었다.

도희 씨는 언제나 철저하게 절약했다. 아파트에서 그녀의 별명은 만물상이다, 버릴 물건이 생기면 이웃주민들이 태우 엄마라고 부르는 그녀에게 먼저 연락을 하기도 했다.

"우리 집 식탁이 좀 어두운 색이라 버리고 새로 사려고 하는데 태우 엄마 안가져 가?"

"집이 좁아서 식탁은? 버리지 마시고 리폼해서 쓰시는 것도 좋아요. 밝은 색으로 덧칠하고 요즘 유행하는 스타일로 꾸미면 새로 사는 것보다 훨씬 예쁘고 가격도 저렴할 텐데요."

"그래? 그럼 태우 엄마가 좀 도와줄 수 있어?"

"제가 몸이 불편해서 할 수 있을지 모르겠어요."

"해 줘, 만들어 주면 재료비 빼고 15만 원 줄게."

"20만 원 주시면 의자까지 바꿔드릴게요."

이렇게 해서 도희 씨는 아파트 주민들의 가구를 리폼해 주고 조금씩 부수입을 얻었다. 하지만 아파트 주민들을 상대로 돈을 버는 모습이 경훈 씨에겐 마음에 들지 않았다.

"하여간 이 아파트에서 오래 살려면 품위는 유지하고 살자."

"그래, 품위도 좋아. 하지만 당신 월급으로는 생활하기 힘들고 나도 무슨 일이든 하고 싶은데 오래 서 있거나 걸으면 아직은 허리도 아프고…. 우리 태우 학원은 보내야 할 거 아냐."

"그거 적당히 시키면 안 돼?"

"남들은 개인 교습까지 시킨다는 데 우리는 그렇게까지는 못 해도 학원은 보내야지. 거기다 은행 이자에, 공과금에…. 월말만 되면 내가 가슴이 두근거려. 그나마 다행히 이런 부수입이 있는 게 어디야? 남들 같으면 재주 있는 아내라고 자랑하고 인터넷에도 올리고 난리를 피울 텐데 당신은 창피하다고 하니까."

"당신이 돈 안 받고 해 주면 나도 여기저기 자랑하고 인터넷에도 올리지. 그런데 당신은 꼭 돈을 받잖아."

"그게 뭐가 어때서? 작은 소품 하나 만드는 데 최소한 3일은 걸려, 그런데 그걸 어떻게 공짜로 해? 내가 그만큼 공들여서 만들어 주는 건데 공짜를 바라면 그 사람이 이상한 거지."

도희 씨 눈에 경훈 씨가 예스맨이면, 경훈 씨 눈엔 도희 씨는 돈밖에 모르는 구두쇠… 그런 아내가 점점 더 속물처럼 느껴졌다.

그러던 어느 날 며칠 째 남의 집 서랍장을 만들던 도희 씨는 허리 통증이 재발했다.

"그러게 극성 그만 피우라고 했지. 몸도 성하지 않은 사람이 그렇게 억척을 떠니까 탈이 나잖아."

"몰라, 너무 아파. 찜질이나 좀 도와주고 세탁기에 있는 빨래 좀 널어 줘."

"아주 가지가지 시키는구나."

경훈 씨는 투덜거리기는 했지만 허리가 아프다며 꼼짝 못하고 있는 아내가 걱정되어 뜨거운 수건으로 찜질을 해 주고 베란다로 나와 빨래를 널기 시작했다. 그러다가 빨래 사이에서 군데군데 구멍이 난 낡은 여성용 러닝셔츠 두 장을 발견했다.

"당신, 정신을 어디다 두고 사는 거야? 아무리 아파도 그렇지, 어떻게 세탁기에 걸레를 같이 넣어서 돌리냐?"

경훈 씨가 마치 큰일이라도 난 듯 소란을 피우며 구멍난 러닝셔츠 두 장을 들고 거실로 들어왔다. 그러자 도희 씨가 경훈 씨를 째려보며 한마디 했다.

"그거 걸레 아니라 내 속옷이야."

"뭐라고?"

"내가 입는 거라고."

"당신, 내가 돈을 적게 벌어다 준다고 지금 시위하는 거야?"

"내가 무슨 시위를 한다고 그래?"

"그럼 왜 저렇게 찢어진 속옷까지 입으면서 궁상을 떨어, 나 무시하려고 일부러 보란 듯이 그러는 거 아냐?"

"궁상? 누군 새 옷 사 입을 줄 몰라서 안 사 입는 줄 알아, 사 입을 돈이 없으니까 그렇지."

"그럼 내가 마누라 속옷 값도 못 벌어 오는 놈이란 소리야?"

"나도 눈 있어. 좋은 거 보면 그게 좋은 건지 안단 말이야. 그런데 지금 우리 형편에 한 푼이라도 아껴야지. 당신 카드 대금 나온 거 봤어? 이번에도 술값으로 30만 원이나 나갔잖아. 거기다 후배한테 돈 까지 꿔 주고."

"당신 기죽을까 봐 아무 말 안 하고 있었던 거야. 당신이랑 내가 떼돈 버는 거 아니니까 속옷 같은 데서 절약해야지, 어디서 절약해."

"아무리 그래도 그렇지. 무슨 구멍이 그렇게 크게 나고 색도 바래고…. 그건 당신이 나를 남자로 생각하지 않기 때문이야. 그러니 그런 속옷을 입지, 그러고 보니 당신 속옷만 이상한 게 아니야. 옷은 또 그게 뭐야. 그건 누가 입던 옷이야?"

"됐어. 별것도 아닌 것 같고 트집 잡지 마."

경훈 씨는 답답해서 자리를 박차고 나왔다. 이유를 알 수 없이 화가 나고 더 이상 얘기하고 싶지 않았다. 시장으로 발을 돌린 경훈 씨는 평소 즐겨 찾던 막걸리 집에 들어갔다.

아내가 처음부터 저렇게 돈만 따지고 낡은 속옷을 입을 정도로 궁상을 떠는 여자는 아니었다. 다 자신이 그렇게 만든 게 아니겠는가.

경훈 씨는 자신이 벌어다 주는 돈에서 아내가 알아서 옷도 사입고 화장품도 사서 쓰는 줄로만 알고 있었다. 그런데 속옷마저 그 모양이니, 다른 것들은 얼마나 절약하고 아끼고 살지, 곰곰이 생각해 보니 아내가 안쓰럽고 미안하기만 했다.

막걸리 잔을 들이키는데, 빈대떡을 부치는 할머니가 입고 있는 몸뻬바지가 눈에 들어왔다.

"할머니, 할머니는 그 몸뻬바지가 좋으세요?"

"이 사람아, 나라고 여자 아닌가? 나도 고운옷 입고 싶지. 그런데 시장에서 빈대떡 부치는 사람이 어떻게 고운 옷 입고 장사를 해?"

"……"

경훈 씨가 남은 빈대떡 한 장과 막걸리를 포장해 들고 집으로 돌아오는데 땡처리 속옷집이 눈에 띄었다. 속옷 중에서 꽃무늬가 있는 예쁜 것들을 골라 샀다.

'그래, 당신이 안 사면 내가 사다 주면 되지 뭘 그래. 이거 안 입기만 해 봐라.'

속옷과 빈대떡을 들고 집으로 가는 경훈 씨의 발걸음은 한결 경쾌했다. 태우 엄마, 정말 고맙고 사랑한다!

12 여보, 자동차 사고가 났을 때 꼭 기억해요

"찌-익!"

금속과 금속의 날카로운 마찰음에 그녀의 가슴이 철렁 내려앉았다.

'지금 내가 사고를 낸 거지?'

연지 씨는 차를 세우고 밖으로 나왔다. 다리가 후들거려 일어나기도 힘들었지만, 차 문을 잡으며 겨우 차에서 내렸다. 상대편 차의 운전자도 차에서 내렸다. 중년의 남성이었다.

"죄송합니다. 제가 아직 운전이 서툴러서요. 변상해 드리겠습니다."

연지 씨는 울먹이며 상대편 운전자에게 진심으로 사과했다. 상대편 운전자는 차를 살펴보기 시작했다. 다행히 돈을 더 뜯어내려고 다친 척하거나 하는 나쁜 사람은 아니었다.

"보험 처리하면 되니까 걱정 마세요. 그런데 새 차인 것 같은데, 아주머니 차도 꽤 많이 찌그러졌네요."

상대방의 말에 자신의 차를 살펴보니 앞바퀴 부근이 많이 찌그러져 있었다. 연지 씨는 또 한번 가슴이 철렁 내려 앉았다. 이틀 전에 산 새 차인데 이렇게 찌그러뜨려 놓았으니 남편한테 뭐라고 말하지….

남편을 볼 면목이 없고 미안해서 어쩔 줄 몰랐다. 걱정하는 남편에게 마음 푹 놓으라고 큰 소리를 탕탕 치고 나왔건만 덜컥 사고를 냈으니…. 어느새 연지 씨의 눈에서는 눈물이 뚝뚝 떨어졌다. 아무리 울지 않으려고 해도 도저히 눈물을 멈출 수가 없었다.

교통사고가 났을 때 가해자는 사고 보고서에 운전 면허증과 보험 관계 서류 등을 기록해야 한다. 하지만 연지 씨는 아직 초보라 그런 것을 잘 몰랐다. 일단은 보험 회사 직원을 불러야 할 것 같아서 벌벌 떨리는 손으로 보험회사 명함을 찾기 시작했다.

운전석 옆 대시보드를 여니 웬 서류봉투가 보였다. 남편이 만약의 경우를 대비해 필요한 서류들을 담아둔 봉투였다. 봉투 겉에는 담당 보험회사 직원 명함이 투명 테잎으로 붙어 있고, 안을 열어 보니 필요한 서류들이 들어 있었다. 떨리는 손으로 서류를 꺼내는데 굵은 펜으로 쓴 메모지가 한 장이 딸려 나왔다. 남편이 써 놓은 메모였다.

여보, 이 메모를 보고 있다면 지금쯤 무슨 사고가 난 거겠지?
다치지는 않았을까 걱정된다. 많이 놀랐겠지?

당신이 사고를 낸 거라면, 나한테 미안해서 전화할까 말까 하는 거 알고 있어, 걱정하지 말고 얼른 전화해 줘. 당장 그쪽으로 갈게. 만약 사고를 냈을 경우에 꼭 기억해. 내가 가장 사랑하고 걱정하는 것은 자동차가 아니라 바로 당신이라는 사실을.

당신을 사랑하는 남편

연지 씨는 남편의 짤막한 메모를 읽고 또 읽었다. 연지 씨의 눈에서는 남편에 대한 고마움과 사랑의 눈물이 흘러내렸다.

연지 씨가 전화를 걸자 남편이 달려왔다. 연지 씨의 남편은 곧 도착한 보험사 직원과 상대편 운전자와 상의해서 사고를 해결했다. 그런 남편이 연지 씨는 고맙고 든든하게 느껴졌다.

"여보, 고마워요. 그리고 미안해."

그러자 남편이 연지 씨를 품에 안으며 말했다.

"내가 오히려 고마운데? 다치지 않아 줘서 고마워. 차는 다시 살 수 있어도 당신은 이 세상에 하나뿐이잖아."

따뜻하고 섬세한 남편의 배려에 연지 씨는 또 한번 감동의 눈물을 흘렸다.

13 추석날, 와이셔츠를 걷어붙이고

"어휴, 벌써 추석이네."

아내의 한마디에 호석 씨의 가슴이 내려앉았다.

매해 몸살처럼 찾아오는 아내의 명절 스트레스를 생각하니 걱정이 이만저만이 아니었다. 호석 씨가 생각하기에도 아내는 정말 요즘 보기 드문 현모양처였다. 4형제 중 첫째인 자신에게 시집 와 시부모님을 모시고 살면서 나이 차가 많이 나는 시동생들을 장가보내고, 명절만 되면 산더미 같은 일을 묵묵히 해온 아내…. 그런 아내가 언제부터인가 명절만 지내고 나면 부쩍 힘들어하는 모습을 볼 수 있었다. 체력이 약해진 탓도 있고 부모님이 돌아가시기 전에는 일찍 와서 같이 명절 음식 만드는 것을 도와주던 동서들이 이제는 바쁘다는 핑계로 아예 나타나지도 않기 때문이었다.

올해도 아내는 혼자서 차례 음식을 준비했다. 물론 호석 씨가 나물 손질도 돕고 같이 장도 보고 밤도 깎았지만, 아무래도 오랫동안 부엌일을 해본 적이 없는 남자이다 보니 도와주는 게 한계가 있었다. 그래서 그는 뭔가 좋은 방법이 없을까 고민했다.

어머니가 돌아가신지 2주년이 되는 해 추석날 아침이 되었다. 차례를 지내고 아침밥을 먹은 후 동서들은 아내와 함께 상을 치우며 설거지 할 그릇을 싱크대로 옮기고 음식을 정리했다. 그때 동생들이 말했다.

"여보, 과일 먹자. 어제 들어온 배 있지? 그거 맛있겠더라."

그러자 동서들 셋은 못 이기는 척 과일을 들고 거실로 가더니 그대로 주저앉아 버렸다. 부엌에는 아내만 혼자 남았다. 그는 기가 막혔다. 산더미 같은 그릇 앞에 서 있는 아내가 너무 안쓰러워 보인 호석 씨는 도저히 안 되겠다 싶어 벌떡 일어나 부엌으로 갔다. 그리고는 와이셔츠 소매를 걷어붙이고 아내 옆에 섰다.

"여보, 나랑 같이 하자."

아내는 생각지도 않은 남편의 행동에 깜짝 놀라 호석 씨를 멀뚱멀뚱 쳐다보기만 했다.

"내가 세제로 닦을 테니까 당신이 헹궈."

"저리 가서 과일 드세요."

"괜찮아. 과일이 어디 도망가나. 설거지하고 당신이랑 먹을래. 둘이 하면 더 빨리 끝날 거 아냐."

그의 행동에 거실에서 하하호호 웃던 동생들과 동서들이 눈치를 보기 시작했다. 그리고는 동서들이 슬슬 자리에서 일어나 부엌으로 오더니 자기들이 하겠다며 호석 씨를 밀어냈다.

"아주버님, 앉아 계세요. 저희가 할게요."

"네, 아주버님."

"제수씨들, 무슨 말씀. 어서 과일들 드세요. 이 사람이 나한테 시집와서 고생하는 건데 내가 도와야지 누가 돕겠습니까. 걱정들 하지 마시고 가서 과일 드세요."

웃는 얼굴로 아예 수세미까지 들고 본격적으로 설거지를 시작하는 호석 씨 때문에 동서들은 부엌에서 밀려났지만 설거지가 끝나는 동안 거실에 앉지도 못하고 안절부절못하였다.

설거지를 마친 호석 씨는 와이셔츠 소매를 내리며 부엌에서 나와 동생들에게 마당 화분들을 같이 정리하자며 불러냈다. 하지만 동생들은 무슨 일인지 눈치를 채고 올 것이 왔구나 하는 표정으로 형을 따라나섰다.

호석 씨는 동생들에게 말했다.

"너희 마음 안다. 아내가 고생하는 거 싫겠지. 그건 나도 마찬가지야. 우리 집사람 고생하는 거 싫다."

"형님, 죄송해요."

"집사람한테 잘 얘기할게요."

"아니, 그럴 필요없다. 생각해 보니까 이 일은 우리 안사람들만 할 일이 아니야. 우리 조상님들 제사상 차리는 건데, 우리가 할 일을 왜 여자들한테만 떠넘기겠냐. 그래서 생각해 봤는데, 다음 명절부터는 우리 사형제가 같이 명절 음식 장만하는 것도 돕고 설거지도 돕는 게 어떠냐"

"그래요, 괜히 방해만 될 거 같은데요."

"물론 처음에는 서툴겠지만 또 다 같이 준비하고 빨리 끝내서 다 같이 둘러앉아 이야기 하고 놀면 얼마나 좋겠냐."

호석 씨의 설득에 동생들은 고개를 끄덕였다.

"그래, 다음 해부터는 여자들한테도 즐거운 명절이 되도록 우리 형제들이 조금만 애쓰자."

다음 해부터 호석 씨의 가정에서는 명절증후군이 사라지고 없었다. 물론 남자들이 전을 부친다며, 혹은 나물을 손질하겠다며 달려들어 오히려 실수를 하기도 하고 시간이 더 오래 걸리기도 했지만, 여럿이 둘러앉아 이런저런 이야기를 해가며 웃으며 하다 보니 힘든 줄도 모르고 즐겁게 일을 할 수 있었다.

명절이 끝나고 동생 부부들을 보낸 후에 몸살을 앓던 호석 씨의 아내도 이제는 보람 있고 즐거운 명절이었다며 함박 웃을 수 있었다.

14 사위도 자식이다

저녁을 먹고 설거지를 하던 재철 씨가 빨래를 개는 혜련 씨에게 물었다.

"우리 마트 갈까? 당신 뭐 먹고 싶은 거 없어?"

"음, 떡볶이랑 순대 어때? 아니, 저녁에는 초밥 할인하니까 그거 좀 살까?"

"그럼 얼른 준비해. 난 설거지 다 했어."

"그래."

마트에는 밤인데도 사람들이 바글거렸다. 재철 씨는 카트를 밀고 혜련 씨와 나란히 걸었다. 혜련 씨는 천천히 이것저것 살피며 물건을 하나 둘씩 카트에 담았다. 그러다 갑자기 생각이 난 듯 이야기 했다.

"아, 이번 어머님 생신엔 뭘 사갈까?"

"음, 갈비로 하자."

"어머니 치아도 좋지 않으신데 어떻게 드시라고 갈비야? 그냥 굴비나 갈치 같은 생선 종류로 하자."

"그래도 생선은 폼이 안 나잖아. 갈비로 하자."

"뭐? 그럼 우리 엄마 생신엔 왜 굴비로 한 거야? 폼도 안 나는 걸…."

"장모님은 생선 좋아하시고, 대신 용돈도 드렸잖아."

"우리 엄마도 갈비 드실 줄 알거든, 어쨌든 너무 무리하면 안 되니까 조기하고 요즘 유행하는 껍질째 먹는 유기농 과일로 하자. 그래도 적은 액수 아니야."

"그래, 당신이 알아서 해."

"선물은 내가 알아서 할 테니 당신 나 몰래 따로 어머님 용돈 드리지 마, 그것도 내가 준비했거든."

"내가 무슨 돈이 있어서 용돈을 드려? 당신이 주는 쥐꼬리만한 용돈으로 차비하고 밥값 하기도 빠듯한데."

"그럼, 작년 추석에는 어디서 나서 드렸어? 당신이 뒤에서 드리면 나만 나쁜 사람 되는 거야."

혜련 씨는 재철 씨가 친정에 소홀하게 한다고 생각했다. 그래서 자신도 진심으로 시댁에 잘하고 싶다는 생각이 들지 않았다. 물론 재철 씨가 원래 이기적인 사람은 아니라는 걸 혜련 씨도 잘 알고 있었다. 하지만 오늘처럼 사소한 부분에서 시댁 부모님은 신경 써 주면서 친정

부모님은 똑같이 대해 주지 않는 게 섭섭했다. 이런 이야기를 하면 재철 씨는 아까처럼 화제를 돌리거나, 앞으로 잘하겠다고 약속은 하면서도 혜련 씨가 그런 얘기를 하는 게 불편하다고 했다. 혜련 씨가 너무 계산적이라는 것이다. 남편이 그렇게 말하니 혜련 씨는 더 따지다간 싸움 나겠다 싶어 입을 다물곤 했다.

거기다 시댁에 도착하면 시어머니는 당신 아들이 힘들게 운전하고 왔다며, 혜련 씨는 별로 신경도 쓰지 않고 남편만 챙긴다, 남편 손을 잡고 들어가 곁에 앉으셔서 음식도 이것저것 아들에게만 권하셨다. 그리고 툭하면 뭔가 바라는 말씀을 하셨다.

'윗동네 누구 집에는 자식이 부모한테 땅을 사줬다더라, 니들은 둘이 벌어서 아직 집도 하나 못 샀느냐, 둘이 벌어 아직도 집을 못 사는 거 보면 살림을 너무 헤프게 해서 그런 것 아니냐' 등등 서운한 얘기를 하셨다.

시어머니의 잔소리는 그것으로 끝나지 않았다. 남편은 결혼 전보다 통통하게 살이 올랐건만 '아범 밥 안 해 먹이니? 결혼하면 살이 오를 줄 알았더니만, 애가 이렇게 비쩍 곯았다'고 하신다, 정작 결혼하고 살이 10킬로그램 가까이 빠진 며느리한테 고생한다고 말 한마디 안 하시는 걸 보면, 며느리는 집안일 해주러 온 일하는 사람 취급 받는 기분이 들었다. 그래서 혜련 씨는 시댁에 가면 함께 있어도 가족이라는 느낌이 들지 않았고, 불편하기만 한 곳에 같이 가자고 자주 조르는 남편이 원망스러울 때도 있었다.

지난 추석에 혜련 씨는 식중독에 걸려 병원에 입원을 했었다. 그런데 시댁에 가는 것이 너무 싫었던지라 몸은 아팠지만 시댁에 가지 않아서 내심 좋아했다. 병원에 입원한 혜련 씨는 결혼 후 처음으로 명절을 편안하게 보냈다. 그런데 재철 씨가 시댁에 가지 않은 것에 대해 시부모님께 사과 전화를 드리라고 하도 성화를 부리는 바람에 말싸움을 했었다.

재철 씨가 아내의 서운한 기분을 전혀 모르는 것은 아니었다. 하지만 장남이라는 책임감에 아내가 먼저 시골집시댁에 신경 써주기를 바라고 있었다.

그러던 어느 날, 재철 씨는 혜련 씨에게서 혼자 사시는 장모님이 쓰러지셨다는 연락을 받았다. 혜련 씨는 놀라서 울먹거리는 목소리로 말했다.

"어, 어떡해, 여보."

"진정하고 내가 지금 병원으로 갈 테니까 당신도 일 마무리하고 와."

"응."

재철 씨는 회사를 조퇴하고 서둘러 장모님이 계시는 병원으로 향했다. 먼저 도착한 재철 씨가 장모님의 입원 수속을 하고 간병인을 알아보는 중에 혜련 씨가 헐레벌떡 병원으로 달려왔다.

"당신 언제 왔어. 회사는?"

"장모님이 편찮으신데 회사가 문제야. 마음이 불안해서 회사에 앉아 있어도 일이 될 것 같지 않아서 얘기하고 달려왔지. 당신도 많이 놀랐지? 다행히 빨리 병원으로 옮겨서 괜찮으실 것 같다더라고."
"정말 괜찮으신 거야."
"응, 내가 다 확인해 봤어."
재철 씨의 말에 혜련 씨는 겨우 진정하기 시작했다.
"내가 간병인 불렀으니까 너무 걱정하지 마."
"간병인? 비쌀 텐데…."
"그래도 할 수 없잖아. 당신이나 나나 직장에 다니느라 간병을 해 드릴 수도 없고, 그렇다고 처남 내외도 서울에 없으니…. 그렇다고 아무도 없이 혼자 계시게 할 수 없잖아."

장모님이 입원해 있는 한 달 동안 재철 씨는 거의 매일 병원에 들러 장모님이 좋아하는 음식도 사다 드리고 하루 종일 심심하실 거라며 잡지도 챙겨드렸다.
"장모님, 오늘 좀 어떠세요?"
"힘든데 뭐 하러 매일 와. 괜찮으니 이제부터는 퇴근하고 집에 가 좀 쉬어."
재철 씨가 매일 저녁 병원으로 퇴근하자 병원에서 효자 사위로 소문이 자자해져 혜련 씨의 어깨를 으쓱하게 했다. 혜련 씨는 재철 씨의 모습에 감동받았다.

"고마워. 우리 엄마한테 신경 많이 써 줘서."

"당신도…. 남처럼 왜 그래? 가족인데 이 정도는 당연히 해야지. 당신은 우리 어머니 쓰러지셔서 입원하시면 이렇게 안 해 줄 거야?"

"당연히 하지."

혜련 씨는 머쓱한 웃음을 지어 보였다. 혜련 씨는 재철 씨가 자기에게 며느리로서의 의무만을 강요한다고 생각하고 있었다. 그러나 사위로서의 의무를 다하는 재철 씨를 보면서 혜련 씨는 자신이 많이 오해하고 있었다는 것을 알았다.

그 일이 있은 후부터 혜련 씨의 명절증후군은 깨끗하게 사라졌다. 귀성길 차 속에서 부부가 싸우는 일도 없어졌다. 남편 앞에서 시댁 식구를 흉볼 일도 없어졌다. 재철 씨가 장모님께 행한 한 달 간의 병 간호 일로 혜련 씨의 생각이 완전히 바뀐 것이다.

아내에게 시댁에 잘하라고 요구하기 전에 자신이 먼저 처가에 잘하고 있는지 한번쯤 돌아봐야 한다. 남편이 먼저 처가에 잘하면, 아내 역시 시댁을 챙기는 것은 당연한 일이다.

'사위도 자식'이라는 거 당연한 일 아니겠는가!

15 남편의 때 낀 손톱

지난 월요일 아침, 남편이 지방으로 출장으로 가는 날이었다. 남편은 아침을 다 먹고 나더니 거실 달력의 숫자를 손가락으로 꼭꼭 짚어가며 뭔가 혼잣말을 하고 있었다. 관심 없는 척 텔레비전에 시선을 두고 있으면서도 나의 신경은 온통 남편에게로 쏠리고 있었다. 남편이 먼저 아는 체를 하면 어떻게 반응을 해줘야 하나 싶어 서너 발짝 앞선 궁리에 짜릿함마저 느꼈다.

'태민이 엄마, 2월 5일이 당신 생일이지?'
'어머, 당신 기억하고 있었어, 나는 잊고 있었는데. 고마워, 당신이 먼저 기억해 줘서.'
'생일 선물로 뭐 갖고 싶어?'

'선물은 뭐…'

가만, 선물은 뭘 사달라고 할까, 아니 가방이나 하나 사 달라고 할까? 이제 봄이니까 봄 외투 하나 사 달라고 할까?

혼자 북 치고 장구 치고 속으로 신바람이 났다. 마침내 남편의 입이 움직였다.

"2월에는 바쁘겠는데. 일이 빼곡하게 잡혔어."

"그래? 바쁜 게 좋지. 뭐 특별한 일은 없고."

"특별한 일? 아, 또 깜빡할 뻔했다."

"뭔데?"

"태민이 어린이집 재롱잔치가 있었지. 그날은 시간 비워놔야겠네."

나는 남편의 말에 조금 기분이 상하고 설마 기억 못하는 건 아니겠지 하는 불안감이 생겼다.

"재롱잔치? 그래. 그것도 특별한 일은 특별한 일이지. 또 다른 건 없어?"

남편은 잠깐 생각해 보는 것 같더니 별다른 일 없다는 듯 옷을 챙겨 입고 밖으로 나갔다. 차 시동을 건 남편은 문 단속 잘하고 밥 꼭 챙겨 먹으라는 당부를 끝으로 목포 출장길에 올랐다.

'잘 다녀올게'하고 손을 흔들어대던 남편의 손이 시야에서 사라짐과 동시에 요란하게 울려대던 풍악도 멈추어 버렸다. 요동치던 심장은 아쉬움인지 서글픔인지 주체 못할 서운함으로 깊게 가라앉아 버렸다. '혹시나' 했더니 '역시나'가 되어 버렸다.

15. 남편의 때 낀 손톱

2월 5일은 바로 내 생일이다. 남편은 결혼 첫해와 그 이듬해, 이렇게 딱 두 번만 내 생일을 기억했다. 그렇다고 그 후의 생일 때 남편의 축하를 받지 않은 건 아니다. 내가 남편의 옆구리를 콕콕 찔러 주었기 때문이었다.

아침마다 지갑 챙기러 한 번, 차 열쇠 챙기러 한 번, 다이어리 챙기러 또 한 번…. 하루에 서너 번씩은 현관문을 열었다 닫았다 하는 남편이다. 일상생활에서도 그렇게 깜빡증을 달고 사는 남편이니 마누라 생일 기억해 주려니 하는 기대는 아예 접어 버린지 오래다.

작년까지만 해도 그랬다. 달력에 커다랗게 동그라미를 그려 놓고 '마누라 생일'이라고 또박또박 적어 놓았다. 당연히 남편의 축하를 받았다. 어떻게 마누라 생일을 잊을 수가 있느냐며 바가지 박박 긁고, 토라지고, 사랑이 식었니 어쩌니 하며 구구절절 읊어대는 감정 낭비보다는 울며 겨자 먹기로라도 그렇게 옆구리 찔러 절 받는 게 가정의 평화를 지키는 길이라 생각했기 때문이다.

남편이 없는 사흘 동안 궁리를 했다, 올해는 어떤 방법으로 옆구리를 찌르나 하고, 달력에 대문짝만 하게 적는 '마누라 생일'은 지금껏 했으니 이젠 남편도 식상할 터. 뭔가 더 은근한 방법이 없을까 머리를 짜냈다. 감동! 그랬다. 이왕이면 남편의 감성을 자극해 뜨거운 축하를 받고 싶었다.

목포로 출장을 갔던 남편이 어제 저녁 집으로 돌아왔다. 이틀 밤을

꼬박 새고 집으로 들어선 남편의 모습은 말이 아니었다. 낮에 잠깐 눈을 붙이고 눈길을 달려 왔을 남편! 그럼에도 집으로 들어서는 얼굴은 환했다. 그런 남편의 얼굴을 보니 가슴이 짠했다.

저녁상을 정리하고 나니 남편은 거실 소파에 누워 있었다. 나는 남편 곁에 바짝 다가앉았다.

"태민이 아빠, 손좀 내밀어 봐.'

"손은 왜?"

"손톱 깎아주려고."

"손톱? 웬일이야. 손톱을 다 깎아주고. 가만, 나한테 뭐 부탁할 거 있어?"

"부탁은 무슨… 그냥 우리 가족 위해서 고생하는 우리 남편 손톱 깎아주는 것뿐인데."

"그래, 고마워."

자리를 잡고 손을 들어 올려 보니 남편의 손이 전보다 더 거칠어진 게 보였다.

"우리 남편 손도 많이 늙었네. 내 손만 늙은 줄 알았더니. 근데 당신 설마 잊은 건 아니지? 내일 모레가 당신 마누라 생일이잖아. 그래도 내 생일엔 당신 축하가 제일 아니겠어?"

"……"

"태민 아빠, 나는 당신 생일 축하받으면 기운이 펄펄 나고 그럴 거 같은데…."

15. 남편의 때 낀 손톱

남편의 손톱을 보니 긴 손톱 사이로 까만 먼지가 잔뜩 끼어 있었다. 나는 순간 남편이 안쓰러운 마음이 들어 정성을 다해 손톱을 깎았다. 열 손가락과 열 발가락을 다 깎고 나니 손가락이 아프고 어깨는 뻐근했다.

그런데 무슨 생각이 그리 깊은지 남편은 내가 하는 말에 대꾸도 않고 그저 가만히 손을 맡기고 있을 뿐이었다. 나도 내내 남편의 손발톱을 깎는 데 집중해 있다가 문득 이상한 생각이 들어 남편에게 시선을 건네니… 이게 웬일… 남편은 잠에 빠져 있었다.

'뭐야, 언제 잠이 든 거야? 이 사람 내가 하는 말 하나도 못 들은 거 아냐?'

아주 잠깐 서운한 생각이 드는 것 같더니 그뿐이었다, 잠든 남편의 얼굴이 내 시선을 붙들고 늘어졌다. 감긴 두 눈 위에, 야윈 두 볼 위에 삶의 노곤함이 무겁게 내려앉아 있었다. 그렇게 탱탱하던 피부는 언제 저리 메말라 버렸는지 바스락거리며 무너질 듯했다.

모진 세상살이, 처자식 먹여 살리느라 남편은 날마다 치열한 삶의 전쟁을 치를 것이다. 자기 한 몸 건사하는 거라면 고되고 때로는 굴욕적이고 지치는 일에 그렇게 열심히 할 수 없을지도 모른다. 가족에게 든든한 바람막이가 되고자 남편은 날마다 세상풍파와 맞설 것이다. 그럼에도 남편에게 진심으로 고맙다는 말 한마디 살갑게 전하지 못했다. 나 역시 살림하랴 애들 키우랴 피로에 지쳐 남편에게는 그저 투정 부리고 응석부리기 바빴다.

그깟 생일이 뭐라고! 행여나 기억해 주려냐 했던 기대감에 속절없이 서운했던 나 자신이 부끄러워졌다. 늦은 밤 문단속은 잘했는지, 저녁밥은 먹었는지, 지친 목소리로 물어올 때 좀 더 따뜻함을 담아 대꾸해 주지 못했던 게 미안했다. 눈길을 헤치고 돌아온 남편에게 먼 길 조심해서 오라는 한마디… 좀 더 살가움을 담아 보내지 못했던 나 자신이 너무 미웠다.

남편의 거친 손에 로션을 발라 문지르고 또 문질렀다. 미안해서 문지르고 고마워서 문지르고…. 굵어져 버린 손 마디마디! 단단하게 굳은살이 박힌 거친 손이 내 손바닥 위에 놓여 있었다. 울컥 서러워지는 가슴 한구석이 데일 듯 뜨거워졌다. 미안함과 고마움, 안타까움이 끝내 눈물방울이 되어 떨어졌다.

손등을 적시는 철없는 아내의 눈물에 남편이 몸을 뒤척였다. 서운함도 야속함도 부질없어지던 그 순간, 남편은 잠결에 몇 마디를 던졌다.

"2월 5일, 당신 생일… 안 까먹어… 걱정 마….'
나는 남편의 어깨를 따뜻하게 감싸안고 조용히 속삭였다.
"여보, 사랑해! 고마워!"

16 네 커플링이 쓸쓸할까 봐

7년을 사귄 커플이 있었다.

처음 만났을 때는 설레는 가슴으로 뜨거운 사랑을 나누던 커플이었지만, 이들도 어느새 형식적인 관계가 된 지 오래되었다. 어느 유행가 가사처럼 의무감으로 전화를 하고 안부를 묻는 사이가 돼 버린 것이다.

서로에 대한 크고 작은 오해와 서운함이 쌓여 결국엔 무관심이라는 돌이킬 수 없는 상태까지 다다르고 만 것이다.

서로의 무관심에 지쳐가던 그들은 결국 헤어지기로 결심했다. 그러나 오랜 시간 동안 서로에게 너무나 익숙했기에 그들은 각자의 마음을 정리하기 위해서 이별 여행을 떠나기로 했다.

겨울 바다를 찾은 그들은 아무 말도 없이 바닷가를 걸었다. 어색한 분위기 속에 계속 걷던 그들에게 떠오르는 건 이제 기억조차 희미했던 첫 만남 때의 애틋함과 설렘이었다. 옛사랑의 그림자가 그래도 아직 남아서 그들의 연결고리가 되어 주었던 것이다.

그렇게 한참을 걷던 중에, 갑자기 뒤처져 가던 여자가 바닷가에서 뭔가를 애타게 찾는 모습에 남자는 놀라서 얼른 그쪽으로 다가갔다.

"무슨 일이야."

"반지를 흘려버렸어. 어디 갔지? 파도에 휩쓸렸나 봐, 어떡해."

그들이 애틋한 사랑을 하던 시절에 함께 맞춘 커플링!

그 약속의 징표가 얄궂게도 떠나 버린 것이다.

표현하기 힘든 아쉬움 속에 둘은 함께 커플링을 찾기 시작했다.

하지만 완전히 파도에 휩쓸려가 버렸는지 한참이 지나도 그들은 찾을 수가 없었다.

'어차피 헤어질 건데 찾을 필요 없잖아, 뭐….'

여자는 지쳐서 찾던 행동을 멈추고 잠깐 바다 저편을 보면서 속으로 중얼거렸다.

'그래, 이제 우리도 헤어지는구나. 저 바다로 흘러가 버린 반지처럼….'

그녀는 앞서 걷던 남자가 걸음을 멈추더니 자신의 손에서 반지를 빼는 것을 보았다. 남자는 곧바로 그것을 바다로 힘차게 던졌다.

처음처럼 그렇게 사랑을 소중하게 가꿀 수만 있다면.
마주 보는 서로의 눈동자에서 마주 잡은 손의 온기에서 안타까운 마음을 느낄 수 있습니다.
둘이 함께 파도를 넘는 반지처럼
'함께'라는 이름으로 우리의 새로운 시작을 예감합니다.

 어차피 끝이기에 뭐라고 말할 자격도 없었지만, 그녀는 굳이 커플링을 던져 버리는 남자에게 새삼스럽게 서운함을 느꼈다.
 좋은 추억으로나마 간직할 수는 있는 것 아닌가.
 "그렇게 매정하게 버릴 것까지는 없잖아요."
 이제 곧 헤어진다는 상실감에다 서운한 마음이 겹쳐 어느새 그녀는 울 것 같은 얼굴을 하고 있었다.
 남자는 그제서야 고개를 떨어뜨리며 한마디 내뱉었다.
 "너의 커플링이 외로울까 봐…. 우리는 헤어지지만 그 녀석들만이라도 함께하게 해주고 싶어서."

 뜻밖의 대답에 여자는 남자를 물끄러미 바라보았다.
 남자 역시 어색한 표정으로 그녀의 눈을 응시했다.
 얼마나 오랜만에 그들은 서로를 그렇게 따스한 시선으로 쳐다 보았던가.
 서로의 모습 속에서 그들은 그동안 잊고 있었던 연애 초기의 두근대던 마음과 추억들을 하나씩 되살리기 시작했다.
'그래, 우리는 얼마나 많은 시간을 함께 하며 사랑했던가!
처음처럼 사랑을 소중하게 가꿀 수만 있다면 다시 시작할 수 있을 거야.'

한참을 마주 보던 그들은 누가 먼저랄 것도 없이 두 손을 꼭 잡고 말 없이 바다를 걷기 시작했다.
서로에게 말은 하지 않았지만, 그들은 또 다른 새로운 사랑을 시작하고 있었다. 넓고 깊은 바다로 함께 던져진 그들의 커플링처럼!
삶의 망망한 바다에서 그들의 사랑은 '함께'라는 이름으로 다시 시작되었다.

17 갱년기 장애…
아내에게 주는 감사패

요즘 사람들은 현숙 씨에게 이렇게 묻는다.

"아니, 낮술 마신 사람도 아니고 얼굴이 왜 그렇게 붉어?"
"감기 걸린 모양인가, 더웠다가 갑자기 으슬으슬 춥고 그래."
"이거 큰 병 아냐? 그러지 말고 병원에 가 봐."

결국 병원을 찾은 현숙 씨는 자신이 감기에 걸린 것이 아니라 갱년기 증상이 찾아온 것이라는 말을 듣고 그 자리에 얼어붙었다.
"이제 마흔 일곱인데…."
"갱년기는 45세를 전후로 시작됩니다."
갱년기라는 단어는 현숙 씨 머릿속에 깊게 자리했다. 남편과 어렵게 살림을 꾸려오고 아이들도 사춘기를 지나서 이제 한숨 돌리고 살겠다고 생각했는데 난데없이 찾아온 갱년기라니…. 세 글자가 현숙 씨에겐 마치 여자로서 사형선고와도 같이 마음을 꽉 누르는 기분이었다. 병원을 나서는데 남편에게서 전화가 왔다.

"병원에서 뭐래?"

"응, 그냥 별거 아니래요."

"그래? 다행이네. 회사 근처로 와. 내가 점심 사줄게."

"싫어, 그냥 집에 가서 좀 누워 있을래요."

가슴 한 편이 휑하게 뚫려 바람이 부는 것 같아 그 순간은 아무도 만나고 싶지 않았다. '난 뭐지? 이날까지 난 뭘 하며 살았을까'하는 생각이 들었다. 이제껏 자식들 키우며 남편 뒷바라지하며 자신을 잊고 보낸 세월들이 안타까워 눈물이 났다. '여자 이현숙'은 오래 전에 죽고 없어진 듯한 절망감이 밀려 왔다.

그날 밤, 현숙 씨는 잠이 오지 않았다.

'여보, 난 정말 좋은 엄마였을까? 아니면 좋은 아내?'

'그럼, 당신에겐 좋은 아내, 아이들엔 좋은 엄마는 아니겠지.'

'여보, 내가 여자가 아니어도 나 계속 사랑해 줄 거죠?'

현숙 씨는 이런 생각 때문인지 매사에 무기력해져서 평소 나가던 도시락 나눔 자원봉사도 나가지 않게 되었다. 또한 남편에게도 괜스레 짜증이 심해졌다.

"당신 요즘 왜 그래? 별 거 아닌 일에 짜증도 자주 내고…."

"내가 뭘! 짜증낼 만하니까 짜증내지, 당신 내가 집에만 있다고 나 무시하는 거예요?"

"무슨 소릴 하는 거야? 갑자기. 내가 언제 당신을 무시했다고…."

"그럼 내가 뭐가 이상해졌다는 거예요? 당신이야말로 요즘 바쁘다는 핑계로 항상 늦게 들어오고, 나나 애들한테 전혀 신경도 안 쓰고, 나는 그대론데 뭐가 이상해요."

"당신 지금 무슨 소리야? 누가 당신 보고 이상하대?"

"됐어요. 듣고 싶지 않아요. 그래, 난 원래 이상한 사람이니까."

"대체 요즘 당신 왜 그래?"

"나도 몰라요. 내가 왜 이러는지. 화가 나! 주체할 수 없을 만큼 지나간 젊은 시간이 아까워 화가 나고, 당신하고 동현이만 바라보며 살았던 시간들이 억울해서 미치겠고. 누가 내 시간 좀 다시 돌려줬으면 좋겠어!"

현숙 씨는 갑자기 어린애처럼 엉엉 울기 시작했다. 당황한 성일 씨는 거실로 나왔다.

"아빠, 엄마 왜 그래요?"

요즘 동현이도 현숙 씨의 변화를 느끼고 있었다.

"그래, 네 엄마 왜 저러는지 아니? 혹시 엄마 친구 중에 누가 벼락부자라도 됐대?"

"아니요. 엄마는 그런 거에 별로 신경도 안 쓰잖아요."

"그럼 대체 왜 저런다니?"

"아무래도… 엄마가 무슨 병에 걸린 거 아닐까요? 우리한테 말 못할 병 같은 거…."

"아버지, 얼마 전에 엄마가 병원에 다녀오셨잖아요, 아버지가 거기에 좀 알아보세요."

"그걸 어떻게 알 수 있냐?"

"몇 년 동안 지하철 역 앞에 있는 XX병원에만 다니셨잖아요."

"그래, 그곳에 한번 알아봐야겠다."

다음 날 성일 씨는 조퇴까지 하고 나왔다. 가슴이 두근거리고 운전하는 내내 손에서 땀이 났다. 이런저런 생각들이 떠올라 어떻게 병원까지 갔는지도 모를 지경이었다.

혹시 암? 암이면 어쩌지? 동현이 이제 고3인데… 나는 어떡하고. 내가 동현이 엄마 없이 살 수 있을까? 이런저런 생각 끝에 병원에 다다랐다.

"저, 얼마 전에 이현숙이라는 여자분 왔다 갔는데요. 저는 그 사람 남편입니다. 혹시 그 환자가 여기서 무슨 병으로 진단받았는지 알 수 있을까요? 혹시 죽을병이라도 걸렸습니까?"

놀란 간호사는 아내의 차트를 찾아 꺼내 들고는 진찰실로 들어갔다 나오더니 성일 씨에게 진찰실로 들어가라고 했다. 성일 씨는 아내를 진료했던 의사와 면담을 했다.

"원래는 환자의 진료 내용을 가르쳐드리는 게 아니지만, 이현숙 환자는 가족의 도움이 필요하기 때문에 말씀드리겠습니다. 이현숙 환자는 갱년기 장애입니다."

"갱년기 장애요? 그런 병도 있습니까?"

"네. 여성이 나이가 들어 갱년기가 되면 여러 가지 변화가 옵니다. 열이 자주 발생하기도 하고, 쉽게 피로하거나 몸 여기저기가 아프지요. 두통, 불면증이 오기도 합니다. 우울증이나 기억력 감퇴 등의 증상이 오기도 합니다. 갱년기 장애는 거의 모든 여성들에게 나타나는 증상이지만, 이현숙 환자 같은 경우는 다른 사람들에 비해 좀 예민한 편이라 갱년기 장애가 심한 것 같습니다."

의사의 말을 듣고 성일 씨는 우선 아내가 심각한 병이 아니라는 사실에 안심했다. 집으로 돌아온 성일 씨는 아들에게 엄마의 증상에 대해 이야기했다.

"갱년기 장애요?"

"그래. 그래서 엄마가 그렇게 짜증을 내고 우울해 한다더라. 엄마는 지금 자신감을 잃어버리고 정체성을 의심하고 있는 상태래."

"그럼 우리가 어떻게 해야 하죠?"

"우리가 엄마에게 자신감을 불러일으켜 줘서 우리에게 엄마가 꼭 필요한 사람이란 것을 알려 줘야 한다더라."

"아버지, 우리 엄마한테 이벤트를 해드리면 어떨까요?"

"이벤트?"

"요즘 이벤트가 유행이잖아요. 감동 주는 데는 최고예요."
"어떻게 하는 건데?"
성일 씨는 아들 동현이와 이벤트를 하기 위해 머리를 짜냈다.
"엄마한테 감사패를 주면 어떨까요?"
"감사패?"
"네, 지금껏 엄마한테 고맙다는 표현을 제대로 한 적이 없으니, 이 기회에 감사패를 전하는 거예요."
"그래, 그거 좋겠다."
그날 저녁 동현이와 성일 씨는 컴퓨터 앞에 앉아 감사패에 들어갈 문구를 생각해 냈다. 고마운 마음을 전하고 자신감을 줄 수 있는 글이어야 했다.
'시간이 흘러도 언제나 당신을 사랑합니다. 이건 어때요?'
"당신은 우리에게 가장 소중한 사람입니다. 까지 추가하자."
감사패에 들어갈 문구를 정하고 인터넷으로 감사패를 주문했다.

토요일 저녁에 성일 씨는 아내와 함께 외출을 했다. 그사이 동현이가 이벤트를 준비하기로 했다. 현숙 씨는 오랜만에 남편과 단둘이 외식을 하니 기분이 한결 나아졌다. 남편과 불이 다 꺼진 집안에 들어서는데 갑자기 불이 켜지고 폭죽이 터졌다. 깜짝 놀라 남편에게 안겼다가 정신을 차려 보니 집안은 온통 풍선과 꽃들로 장식되어 있었다.
"어머, 이게 다 뭐야? 오늘 무슨 날이에요?"

"오늘은 당신, 이현숙씨의 날이야."

"지금부터 이현숙 여사님께 감사패를 전달하겠습니다."

동현이가 감사패를 들고 나와 현숙 씨에게 감사패를 전했다.

감사패

이현숙 여사

20년 동안 우리 가족의 안위와 행복을 위해 애쓰고

헌신하신 데에 진심으로 감사드립니다.

세월이 흘러 당신의 모든 것이 변한다 해도

당신을 사랑하는 우리의 마음은 변함이 없습니다.

당신은 우리에겐 하나밖에 없는 아내요 엄마입니다.

영혼히 사랑합니다.

남편 김성일, 아들 김동현 드림.

감사패를 받은 현숙 씨의 눈에는 눈물이 어렸다.

"고마워요. 요즘 내가 왜 사나 하는 생각까지 들었는데…. 내가 고생한 보람이 있었네."

남편과 아들이 전해준 감사패는 현숙 씨 집 거실에 놓여 있다.

현숙 씨는 전처럼 우울한 기분에 빠지고 지칠 때마다 감사패를 보면서 마음을 다잡았다. 이날 이후 감사패는 현숙 씨의 마음을 뿌듯하게 해 주었다.

18 한 트럭 운전사의 마지막 편지

캐나다에는 슬픈 전설을 지닌 산이 하나 있었다. 그 산은 사람을 죽음으로 몰고 가는 산이다. 산이 워낙 높고 경사가 심한데다가, 특히 겨울철에는 산을 휘돌아가는 굽이굽이 비탈길에 얼음이 얼고, 도로 옆은 까마득한 절벽이 도사리고 있다.

그래서 그 근방을 지나며 화물을 운반하는 나 같은 트럭 운전사들은 바짝 긴장한 채로 자신도 모르게 기도문을 외우며 산길을 지난다. 그러다 보니 일종의 외경심마저 들 때도 있다.

어느 날 나는 화물 트럭을 몰고 그 산을 지나가는 고속도로를 달리다가 캐나다 산악 경찰대와 마주쳤다.

그들은 깎아지른 절벽 아래에 기중기를 내려 무언가를 끌어올리고 있었다. 추락한 트럭이었다. 차 유리가 다 깨지고 여기저기 찌그러진 모양을 보니 보통 큰 사고가 아닌 것 같아 그냥 지나칠 수가 없었다. 나는 도로 옆에 잠깐 차를 세우고 부서진 트럭이 서서히 올라오는 것을 말없이 지켜보았다. 지나가던 많은 트럭 운전사들도 차를 세우고 모여들었다.

우리는 유류품을 정리하던 경찰 옆을 서성이다 그를 붙잡고 어떻게 된 사고냐고 물었다.

"우리가 발견했을 때 운전사는 이미 사망한 후였소. 이틀 전에 심한 폭설이 덮쳤을 때 절벽 아래에 굴러 떨어진 것 같은데, 오늘 해가 난 뒤에야 차체가 햇빛을 반사해 번쩍이는 걸 보고 누군가 신고한 모양이오."

여기저기서 깊은 한숨이 터져 나왔다. 나 역시 많은 짐을 싣고 조금이라도 더 빨리 달리려고 하기 때문에 같은 업계에서 일하는 사람으로서 남의 일 같지 않은 사고였다. 연민과 안쓰러움에 사람들은 쉽게 자리를 뜨지 못하고 그 트럭 운전사가 부디 좋은 곳에 가기를 빌었다.

우리의 마음을 알았는지 경찰도 천천히 머리를 흔들더니 유류품들 중에서 한 장의 종이 조각을 내밀었다. 비닐 봉투에 싸여 있긴 하지만 읽을 수는 있었다.

"한번 보시오. 당신들이 꼭 읽어봐야 할 편지라오. 아마 죽기 몇 시간 전에 숨이 붙어 있을 동안 쓴 것 같소."

나를 비롯한 운전사들은 조용히 그 편지를 읽고 말없이 각자의 트럭으로 돌아갔다.

편지를 읽으며 눈을 비비는 사람도 있었다.

나 역시 코끝이 찡해져서 한동안 운전대를 잡지 못했다.

그의 편지는 이랬다.

사랑하는 나의 아내에게

지금까지 까맣게 잊어버려 못한 말들을 이제나마 기억해 내어 할 수 있으니, 나는 참으로 행운아요. 당신을 사랑하오.

이것이 내가 하고 싶은 말이었소.

당신은 내가 당신보다 트럭을 더 사랑한다고 늘 놀리곤 했소.

내가 당신보다 트럭과 더 많은 시간을 보낸다고 말이오.

물론 당신 말대로 나는 이 커다란 쇳조각을 좋아하오.

이놈은 나에게 충실했소.

나의 힘겨운 시간과 힘겨운 길을 언제나 지켜보았고 함께했소. 거대한 양의 화물을 싣고 나는 이놈에게 의지해 달렸소. 이놈은 직선 코스에서는 한껏 속도를 내주었소.

지금까지 내 위신을 단 한 번도 떨어뜨린 적이 없었소.

우리의 첫 번째 트럭을 기억하오?

걸핏하면 고장이 났지만, 그래도 우리가 굶지 않을 만큼 돈을 벌어

준 그 중고 트럭 말이오.

그 트럭의 할부금과 세금을 내기 위해 당신은 일자리를 구해야만 했소. 그리고 내가 버는 돈은 죄다 트럭으로 들어가 버리고, 당신이 번 돈으로 우리는 그나마 먹을 것과 비를 가릴 지붕을 가질 수 있었소.

나는 그 트럭을 두고 자주 불평했지만, 당신은 피곤한 몸을 이끌고 집에 돌아와서도 불평 한마디 없었소. 당신이 힘들게 번 돈이 트럭 수리비로 나갈 때도 기름값으로 나갈 때도 난 당신의 푸념을 한 번도 들은 기억이 없소.

당신이 불평을 했다 해도 난 아마 당신의 말을 한 귀로 흘렸을 것이오. 부끄럽지만 나는 당신을 생각하기보다는 내 자신의 일에 너무 몰두해 있었소.

이제 나는 당신이 나를 위해 포기한 모든 것들을 기억하오.

옷, 휴가, 파티, 친구들과의 모임··· 당신은 가난한 형편 탓에 이런 것들을 즐길 수 없는 아쉬움을 내게 한 번도 말한 적이 없었소. 난 그런 당신에게 고맙다는 말을 한 번도 한 적이 없소.

휴게소에서 친구들과 앉아 커피를 마실 때도 나는 언제나 내 트럭, 내 장비, 내가 내는 할부금 등에 대해서만 말했소.

당신이 비록 나의 조수석에 타고 있진 않았지만, 당신이 나의 영원한 동업자라는 사실을 난 그만 잊고 지내던 것이오.

우리가 새 트럭을 살 수 있었던 것은 나의 노력보다는 당신의 희생과

결단력 덕분이었소.

내가 몰고 다니는 트럭에 대해 난 자부심이 대단했소. 나는 당신에 대해서도 자부심이 컸소.

하지만 난 당신에게 말한 적이 한 번도 없소.

난 당신이 당연히 내 마음을 알고 있으리라 생각했소.

하지만 트럭에 왁스칠을 하는데 들인 시간의 절반만이라도 당신과 대화하는데 바쳤더라면 하는 아쉬움만 남소.

그리고 내가 도로를 달려온 지난 세월 동안 난 당신의 기도가 나와 함께 달리고 있음을 언제나 항상 느끼고 있었소.

하지만 이번만은 당신의 기도가 살짝 부족했던 모양이오.

난 지금 크게 상처를 입었고, 몹시 상태가 좋지 않소.

아마 이 순간이 내 마지막 운명이 될 모양이오.

이제 나는 더 늦기 전에 당신에게 진작에 수없이 말했어야 할 것들을 전하고 싶소.

나는 지금 그동안 내가 기억하지 못하고 지나쳐 버린 숱한 기념일들과 생일들에 대해 생각하고 있소. 당신 혼자서 가야만 했던 아이들의 학교 연극회와 하키 경기를 떠올리고 있소.

내가 시간을 맞추지 못했던 크리스마스, 아이가 아프던 날, 그리고 내가 어디에 있고, 하는 일들은 잘 풀리고 있을까를 상상하며 당신 혼자서 보낸 그 숱한 외로운 밤들에 대해서 말이오.

나를 반겨주며 함께 농구를 하자고 안기는 아이들과 볼을 부비거나 당신과 코끝을 맞대로 키스를 나눌 때, 내가 트럭 수리를 하는 동안 당신이 옆에서 공구를 건네주며, 내가 없을 동안 집에 있었던 일들에 대해 조근조근 이야기 해줄 때의 평화로움에 대해서도, 늦은 밤 트럭을 주차시키고 들어가려다 당신이 나를 기다리다 현관 계단에 앉아 잠이 든 것을 볼 때 당신은 정말 사랑스러웠소.

당신은 나한테는 언제나 영화배우처럼 보였고, 당신은 아름다운 미인이었소.

난, 내 인생에서 많은 실수를 저질렀소.

내가 유일하게 잘한 일이 있다면 당신에게 청혼한 것이오. 그때는 둘 다 어려서 트럭 운전사의 생활이 어떤 것인지 나도 당신도 몰랐소. 하지만 그 일이 내 삶의 방식이 되었고, 당신은 내 곁을 떠나지 않았소. 좋을 때나 나쁠 때나 당신은 항상 내 옆에 있어 주었소.

당신을 사랑하오. 그리고 우리의 아이들을 사랑하오.

당신과 아이들과 함께 보낸 작은 시간들과 작은 추억들을 사랑하오. 마치 밤하늘에 흩뿌려진 별처럼 하나하나 눈부시고 아름다운 순간들이었소.

큰 부상을 입은 내 몸은 지금 몹시 고통스럽소. 영하의 찬바람이 옷 속까지 스며들고 있소. 나는 아픔과 추위보다 무서움에 떨고 있소. 우리가 함께 살기 시작한 이후로, 이제 나는 정말로 혼자가 되었고, 그것이 겁이 나오. 이 순간 당신이 무척 필요하오.

하지만 이미 너무 늦었다는 걸 알고 있소. 비록 당신은 수백 킬로미터 떨어진 곳에 있지만 이곳에 나와 함께 있음을 느낄 수 있소. 나를 위해 기도하는 당신의 낮은 숨소리와 입맞춤 소리···.
이제 시간이 다 되었다는 걸 느끼고 있소.
아이들에게 내가 세상의 누구보다도 사랑한다고 전해 주오.
그리고 아이들에게 커서 무엇을 하든 간에 외로움에 떨게 될 직업은 가급적 선택하지 말라고 충고해 주시오.

당신을 정말 사랑하오.
당신 혼자서 살아갈 날들이 걱정될 뿐이오.
내가 이 세상에서 어떤 누구보다 더 많이 당신을 사랑했음을 항상 기억해 주기 바라오.
난, 단지 그걸 말하는 걸 잊고 있었을 뿐이오.

2004년 12월
당신을 사랑하는 빌

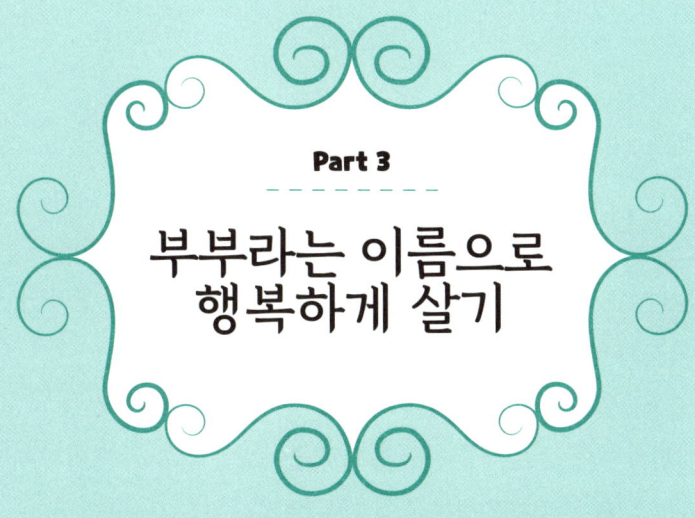

Part 3
부부라는 이름으로 행복하게 살기

함께 있음으로 해서 상대방에게 힘이 되고
격려가 되어 주는 부부가 있는가 하면,
그 반대의 사람도 있다.
나는 지금 내 곁에 있는 남편에게 어떤 존재일까?
또 나는 내 곁에 있는 아내에게 어떤 존재일까?
―본문 중에서

1 '미고사축' – 부부가 평생 아끼지 말아야 할 말

남편의 구두 한 켤레를 사서 집으로 돌아오는 영희 씨는 마치 자기 구두를 새로 산 것처럼 기분이 좋고 뿌듯했다.

'당신 구두가 늘 마음에 걸렸는데, 내 마음이 다 후련하네.'

'더 신어도 되는데. 그나저나 이번 달은 생각지 못한 지출이 생겨서 어떡하지?'

'당신도 참, 이게 다 투자라고. 이제 새 구두 신고 더 열심히 일하면 되지.'

'알았다, 알았어.'

며칠 전 일이었다.

오랜만에 회식이 있었다며 남편이 12시가 넘어서 술에 취해 들어왔다. 구두를 제대로 벗지도 못하고 거실 바닥에 쓰러져 자는 남편의 모습을 보고 화가 머리끝까지 솟았다.

하지만 곧 그 화는 눈물로 변했다.

뒤집어진 채 거실까지 따라 들어온 남편의 구두 한 짝 때문이었다.

영희 씨가 신혼 시절에 사준 것이었는데, 그때는 분명 매장에서 가장 멋있고 비싼 구두였다.

그런데 어느새 밑창이 다 헤지고 장식이 떨어져 나갈 듯 겨우겨우 붙어 있는 낡은 구두가 되어 있었다.

영희 씨의 남편은 자동차 세일즈맨이다. 남들보다 많이 돌아다니기 때문에 구두가 빨리 낡기는 했지만, 항상 부지런하고 검소한 남편이 닦고 손질해서 지금껏 주인의 힘겨운 발걸음을 지탱해 오고 있었던 것이다. 영희 씨는 꼭 그 낡은 구두가 자신과 아이들을 위해 일해 온 남편을 대변해 주는 것 같아 가슴 한 구석이 묵직하게 아파왔다.

영희 씨는 아직 아이들이 어려 맞벌이를 하지 않는다. 남편 혼자 버는 돈으로 아이 키우고 살림도 하다 보니, 그들 부부에게는 절약이 몸에 배었다.

하지만 그녀도 이번만큼은 남편에게 새 구두가 필요하다고 생각해서 주말에 남편과 함께 나가 구두 한 켤레를 산 것이다.

'무슨 좋은 방법이 없을까?'

그 일이 있은 후에 영희 씨는 남편의 일을 도와줄 만한 방법이 없을까 하고 고민했다. 아이들을 어린이집에 보내고 난 오전 시간밖에 짬이 나지 않아 새로 직장을 알아보기도 힘들고, 그렇다고 이대로 절약만 하기엔 남편의 짐을 덜어줄 수 없다는 생각이 들었다.

고민 끝에 영희 씨는 남편 몰래 남편이 책상 위에 쌓아둔 자동차 소개서인 팸플릿 한 뭉치를 들고 밖으로 나섰다. 남편의 회사 차량의 사진을 실은 그 작은 책자 맨 앞에는 남편의 이름과 연락처가 적혀 있었다.

지하철 역 앞에 선 영희 씨는 자신에게 무심하게 시선을 던지며 지나치는 사람들 틈에서 창피해서 고개를 들 수도 없었다. 한참을 가만히 서 있기만 했지만 고생하는 남편의 모습과 남편의 낡은 구두를 떠올리며 다시 한번 용기를 냈다. 지나가는 사람들에게 팸플릿을 주며 차가 필요하면 연락을 달라고 부탁도 했다. 어떤 사람은 받아가고 어떤 사람은 무심하게 지나쳐 갔다.

그렇게 영희 씨는 며칠 동안 길거리에서 남편의 팸플릿을 나눠주었다. 남들이 곱지 않은 시선으로 쳐다보거나 책자를 내민 그녀의 손을 매섭게 뿌리칠 때 영희 씨는 하루에도 몇 번씩 그만두고 싶었지만, 남편이 매일 이보다 더 어려운 일을 반복하고 있다는 생각이 들어 마음을 굳게 먹었다.

어느 더운 여름날, 낮에 그렇게 팸플릿을 나눠주고 들어온 영희 씨는 그만 가벼운 일사병 증세로 앓아누웠다. 그러다보니 미처 저녁 반찬을 준비하지 못했다. 눈을 떠보니 남편은 이미 퇴근해서 욕실에서

세수를 하고 있었다.

"여보, 미안해요. 금방 저녁 차릴게."

"……"

남편은 아무 대답이 없었다. 영희 씨는 남편이 힘들게 일하고 들어왔는데 태평하게 잠들어 있는 자신의 모습을 보고 화가 났거니 하고 얼른 찌개도 끓이고, 김치도 썰고 분주하게 상을 차렸다.

"여보, 저녁 먹어."

욕실에서 물 흐르는 소리가 들렸다. 남편은 아직 욕실에 있는 모양이었다.

혹시 화가 많이 났나 싶어 욕실을 들여다 본 영희 씨는 깜짝 놀랐다. 거울 속에 비친 남편의 눈이 벌겋게 충혈되어 눈시울에 눈물 자국이 묻어 있었던 것이다.

남편은 황급히 눈물 방울을 닦아냈다.

"여보, 왜 그래? 무슨 일 있었어?"

남편은 영희 씨를 덥썩 끌어안았다. 그리고 이렇게 말했다.

"여보! 미안해, 고마워, 사랑해."

남편은 땡볕 아래서 자신을 도와주기 위해 광고 책자를 돌리는 아내의 모습을 본 것이다.

"당신, 봤구나."

"……"

"왜 당신이 나한테 미안해 하고 그래? 오히려 내가 미안하지."

부부가 함께 평생 아끼지 말아야 할 말이 있다.
미안해, 고마워, 사랑해! — 바로 이 세 마디 말이다.
여기에 한마디 더 추가하면 '축복해요'라는 말이 있다.

'미고사축(미안해요/고마워요/사랑해요/축복해요)'이란 말— 바로 이 '미고사축'은 부부 사랑 확인에는 필수적이면서도 아무리 낭비해도 괜찮은, 아니 낭비하면 할수록 좋은 말이다.

우리가 평생을 살면서 이 말만 아끼지 않는다면, 세상에 '행복하지 않은 부부'란 없을 것이다.

② 좋은 부부 관계란 어떤 풍경일까

신혼과 구혼의 차이를 알아내는 방법은 그리 어렵지 않다.
신혼부부는 서로의 얼굴을 바라보며 쉴 새 없이 이야기를 나누고, 구혼 부부는 잠잠히 먼 곳을 바라보며 침묵을 지킨다고 한다.

얼마 전에 신혼인 젊은 부부와 중년 부부가 교회에 처음 등록을 한 적이 있다. 우리 교회는 새로 나온 사람들을 여러 사람이 빨리 익힐 수 있도록 하기 위해서 사진을 찍는다.
그런데 아주 대조적인 모습을 이들 부부에게서 찾을 수 있었다.
젊은 부부는 서로의 손을 꽉 잡고 다정스럽게 사진을 찍은 반면에 중년 부부는 어색한 모습으로 포즈를 취해서 "두 분 손을 잡으세요." 하고 말을 했지만 여전히 부자연스럽게 찍고 말았다.

이 대조적인 두 부부를 통해서 좋은 부부는 항상 스킨십을 한다는 것을 느꼈다.

언젠가 신혼과 구혼 부부를 쉽게 구별할 수 있는 재미난 글을 읽은 적이 있다.

한 젊은 커플이 안과에 와서 아내가 라식 수술을 받았다고 한다. 물론 수술은 잘 되었고 수술 후 두 사람은 팔짱을 끼고 병원을 나갔는데, 한 오 분쯤 지났을까 갑자기 남편이 헐레벌떡 뛰어들어와 심각한 표정으로 다가와서 귓속말로 물어보는 것이었다.

"박사님, 오늘 저희가 결혼한 지 딱 일주일 되는 날인데요, 오늘 따로 함께 자야 되나요?"

또 다른 경우, 신혼부부는 라식 수술을 받고 나면 아침에 일어나 "너무너무 잘 생긴 우리 자기가 맨눈으로 보여 기뻐요"하고 말하는 반면, 구혼 부부는 아침에 눈을 뜨면 "어휴, 저 지겨운 인간, 만날 술만 먹고 고주망태가 되어 밤 12시가 넘어야 들어오는 저 웬수 같은 남편이 너무 잘 보여 괴로워요"한다는 것이다.

정말 신혼과 구혼의 차이를 분명하게 드러내는 우스운 이야기이지만, 이 얘기는 많은 부부들에게 경각심을 주는 내용이다.

신혼이든 구혼이든 서로에 대해 무감각하다면 부부의 관계는 멀어질 것이다. 신혼 때는 서로의 신비를 알기 위해 살고, 구혼 때는 그 신비를 간직하며 살아야 한다. 부부 관계가 항상 신혼처럼 지속되기 위해서는 서로를 이해해 주고 아껴 주는 것이 최고일 것이다.

　인생에 여러 색깔이 있듯이 부부 관계에도 여러 색깔이 있게 마련이다. 좋은 부부 관계의 이상적인 풍경은 어떤 색깔일까. 함께 있을 때 사랑을 마음껏 표현하는 것이 최상이 아닐까. 조금은 쑥스럽기도 하고 낯 뜨거운 표현을 하는 것이 어떤 의미에선 바로 이상적인 풍경이 아닐까 싶다.

　좋은 부부 관계란 행복한 부부 생활에서부터 시작된다는 사실을 알자. 자신의 위치를 분명히 알고 의무를 다해야 한다. 원만한 애정 생활을 하고 상호 존경심과 이해로 생활하도록 하자.

　'냉랭한 사랑은 마음의 침묵이고, 뜨거운 사랑은 마음의 외침이다'라는 성 아우구스티누스의 말처럼 뜨거운 마음을 가지고 사랑을 해보도록 하자.

　그리하면 '건강에도 좋지 않겠는가!

3 부모와 자녀 사이, 자녀와 부모 사이 — 이야기 두 편

■ 아들의 청구서 vs. 어머니의 청구서

여덟 살 꼬마 아이가 공책에 뭔가 열심히 쓰고 있었습니다.
그 모습을 지켜보던 어머니가 아이에게 물었습니다.
"얘야, 뭘 그렇게 열심히 쓰고 있니?"
"엄마에게 청구할 돈을 계산하고 있어요."
"궁금하구나. 어디 한번 보자."
"예, 지금 막 계산이 끝났어요. 보시겠어요?"
엄마는 아이가 꼼꼼하게 적어놓은 계산서를 들여다보았습니다.

우유 받아오기 세 번… 300원

부엌 청소 두 번… 600원

마당 청소 세 번… 900원

구두닦기 네 번… 800원

식탁 차리기 네 번… 800원

합계 총 3,400원

아이의 엄마는 웃지 않을 수 없었습니다.
"엄마도 청구서를 써 볼 테니 네가 한번 봐주겠니?"
"엄마도요?"
"응"
"엄마도 저한테 용돈을 타시려고요. 엄만 한 게 없잖아요?"
아이의 엄마는 청구서를 써 내려갔습니다.

8년 간의 식사 제공… 0원

수없이 많은 설거지와 빨래… 0원

민호 아플 때 병 간호… 0원

민호 숙제 도와준 것, 온갖 시중들기… 0원

합계 총 0원

한참 동안 들여다 본 아들은 다음과 같이 엄마와의 대화를 했다.
"그런데 왜 엄마는 0원이라고 적으셨죠?"

"왜냐면 엄마는 너에게 아무것도 바라지 않고, 무엇이든 주고 싶어서 그렇게 적은 거지. 그러나 네가 청구한 금액 3,400원은 주마."

이야기가 끝난 후 엄마는 아이에게 돈을 주기 위해 지갑을 찾으려 했습니다. 그러자 아이는 엄마를 껴안으며 이렇게 말하는 것이었습니다.
"아니에요. 엄마, 저도 한 푼도 안 받겠어요."

인생에 있어서 가장 위대한 것은 '남'을 '사랑'하는 것입니다.
사랑을 충분히 받은 자만이 남을 사랑한다고 합니다.
사랑이 넘치는 사회는 분명히 물질을 추구하는 사회보다 더 좋은 세상일 것입니다.
자식 사랑하는 참다운 가정교육이란 '사랑'에서부터 비롯되는 것입니다.

■ 손자가 만든 개수통

여든이 넘은 아버지는 매우 노쇠해져 다리를 잘 움직일 수 없었고, 제대로 보거나 듣지도 못했다. 이가 없어 식사할 때는 입에서 음식물이 쉴 새 없이 흘러내렸다.

아들과 며느리는 그런 아버지와 함께 식탁에서 식사하는 일이 죽기보다 괴로웠다.

참다못한 아들과 며느리는 아버지의 음식을 더 이상 식탁에 올려놓지 않았다.

난로 뒤에서 아버지 혼자 먹게 해 드렸다.

처음에는 컵에 음식을 담아 드렸다.

그런데 아버지가 컵을 들다가 그만 바닥에 떨어뜨리고 말았다. 컵은 산산조각이 났다.

"아니 아버님, 그것도 제대로 못 드세요."

"미안하구나… 손에 힘이 없어서…."

며느리는 늙은이가 집안 세간을 더럽히고 컵을 깬다고 투덜거리면서, 다음부터는 개수통에 밥을 담아주겠다고 말했다.

시아버지는 아무 말없이 한숨만 내쉴 뿐이었다.

어느 날 남편과 아내는 집에서 아들이 노는 모습을 지켜보았다. 여섯 살배기 아들은 마룻바닥에 앉아 나뭇조각을 가지고 무엇인가를 만들고 있었다.

그 아버지가 물었다.

"얘, 뭘 하고 있니?"

그러자 아들이 대답했다.

"아빠, 개수통을 만들고 있어요. 아빠·엄마가 늙으면 밥 담아 드리려구요."

남편과 아내는 그때서야 비로소 깨달았다.
늙으신 아버지를 무례하게 대한 데서 오는 부끄러움과 죄책감이 밀려들었다. 그후로 아들과 며느리는 한민이 할아버지를 식탁에 앉히고 시중을 정중히 들어드렸다.

부모는 아이들을 비춰주는 거울이다.
아이들은 부모의 행동을 보고 자라면서 그대로 반영하는 반사경이라고 할 수 있다.
이런 말은 어떨까요?

"자신의 부모를 섬길 줄 모르는 자는 친구로 삼지 마라. 그는 인간으로서의 첫 번째 덕목을 벗어났기 때문이다. 그리고 그는 어떤 직장 생활에서도 결코 성공할 수 없다."

4 까치네의 부부 싸움

똑같은 상황에서도 웃는 사람이 있고, 우는 사람이 있다.
같은 소식인데도 어떤 사람에겐 좋은 소식으로, 또 어떤 사람에겐 나쁜 소식으로 전해진다.

까치네는 오늘 아침에도 부부 싸움을 벌였다.
"까치까치까치"
"까치까치까치"
사흘이 멀다 하고 일어나는 말다툼이었다.
저녁 무렵 싸움에 지친 남편 까치가 말했다.

"아무래도 우리 둥지에 불평 귀신이라도 붙은 것 같아요. 이상하게

도 둥지에 오면 걱정 불평이 그냥 쏟아지니 말예요."

"글쎄, 그럴까요?"

밤새 고민하던 까치 부부는 이튿날 동네 어른 까치를 찾아갔다. 무언가 조언을 얻고 싶었기 때문이다.

"무슨 일로 왔는가?"

"어르신, 저희 집도 처음에는 평안하고 안락한 둥지였습니다. 그러나 지금 둥지 안에서 나누는 대화는 온통 걱정과 불평뿐입니다. 불행한 둥지가 되어버린 거죠. 아무래도 불평 귀신이 붙은 것 같으니, 그것을 쫓아내는 비방 같은 게 없을까요? 제발 가르쳐 주십시오."

남편 까치가 말하자 어른 까치는 이렇게 말했다.

"자네 부부는 기쁠 때 뭐라고 말하는가?"

"까치까치까치요."

부부는 입을 모아 대답했다.

"그렇다면 불평은 어떻게 말하는가?"

"까치까치까치요."

"거 보게, 기쁨과 불평이 모두 한 입에서 같은 소리로 나오지 않는가."

어르신의 말씀에 그들 까치 부부는 마주보며 정말 그렇다는 듯 묘한 웃음을 지었다.

"이렇듯 불평과 기쁨이 한 입에서 나오는 것이지, 둥지 안의 귀신이 시켜서 나오는 말이 아니란 말일세. 문제는 바로 자기 자신에게 있는 거라네."

"우리 자신에게요? 어떤 문제 말씀입니까?"

부부 까치는 궁금함이 가득한 눈초리로 어른 까치를 바라봤다.

"기쁨은 첫 마음에서 나오는 것이지. 하지만 불평은 묵은 마음에서 나오는 것이야. 오랜 시간 한 곳에서 둥지를 틀고 살면서 자네들의 마음도 서서히 묵은 게야."

"그렇다면 어떻게 해야 하나요"

"둥지를 틀던 첫 마음으로 돌아가게. 그러면 불평이 걷히고 기쁨이 나올걸세."

어른의 말씀을 명심한 까치 부부는 마치 처음 가는 것처럼 마음을 비우고 자신들의 둥지로 향했다.

낡아버린 둥지 위로 날아간 이들은 처음 나뭇잎을 하나씩 모아 둥지를 만들던 때를 생각하며 둥지 구석구석을 매만졌다.

그랬더니 정말 둥지는 이들이 처음 함께 가꾸었던 둥지처럼 새롭게 느껴지기 시작했다.

"우리 다시 처음으로 돌아가자고."

남편 까치가 빙그레 웃으며 말했다.

"그래요, 까치까치까치."

아내 까치의 입에서는 절로 기쁨의 소리가 튀어나왔다.

까치 부부들이여!

오늘 아침에도 싸움을 했다면 사랑의 보금자리를 다시 정비하도록 해보세요. 새로운 마음을 갖기 위해서는 지금의 환경을 한번쯤 바꿔보십시오.

작고한 국어학자 이희승 선생님은 "부부가 되면 개성의 반은 죽이고, 반은 살려라. 반을 줄인다는 건 희생이고, 반을 살린다는 건 사랑이다"라고 말했습니다.

'콩 심은 데 콩 나고 팥 심은 데 팥이 납니다.'

모든 행동에는 결과가 따릅니다.

일생을 불행하게 사는 사람들은 '콩 심은 데 콩 난다'는 사실에 근거를 두지 않고, 아무 생각 없이 감정에 휘말려서 사는 사람들입니다.

행복은 부부가 함께 만들어 가는 것입니다. 부부가 행복해야 그 가정 전체가 행복해집니다. 까치까치!

5 부부 싸움의 원칙 – 이야기 두 편

■ 부부 싸움은 칼로 물 베기

결혼한 지 15년이 된 수철 씨와 미령 씨 부부는 동네에서 가장 싸움을 자주 하는 부부로 유명하다.

고요한 새벽에 문을 부수는 소리, 그릇이 깨지는 소리, 고함 소리로 작은 부부의 집은 그야말로 전쟁터였다.

싸움의 원인은 대개 남편 수철 씨에게 있었다. 자주 술을 먹고 들어오는 게 화근이었다. 평소에는 조용하고 내성적인 사람이 술만 들어가면 아내를 그렇게 못살게 굴었다. 심지어 욕설과 폭력도 서슴지 않았다.

이런 상황에서 아내가 내민 것은 '부부 싸움의 원칙'이라는 제목의 글이었다.

부부 싸움의 원칙

1. 절대로 폭력을 쓰지 말고 욕을 하지 말 것. 감정에 휩쓸리지 말고 이성적으로 대화하려 노력할 것.
2. 시댁이나 친정에 상대방의 불만을 퍼뜨리지 말 것.
3. 알코올 중독이나 의부증, 의처증, 심각한 가정 폭력이라면 전문기관의 도움을 받을 것.
4. 아이들 앞에서는 싸우지 말 것. 싸우더라도 화해하는 모습을 보일 것.
5. 서로의 자존심에 상처를 내려는 말은 삼갈 것.
6. 한 번 싸웠다가 화해하고 용서한 주제는 다시 꺼내지 말 것.
7. 한순간의 자존심보다 아내에 대한 사랑을 더 중요하게 여길 것.

아내는 남편이 언제든 볼 수 있게 거실 벽에 액자 속의 '부부의 원칙'이란 글을 붙여 놓았다. 혹시라도 싸우다 이성을 잃게 되면 다시 볼 수 있게 빨간 매직으로 크게 별표도 그려 넣었다.

이에 수철 씨는 '부부 싸움의 원칙'이라는 제목 옆에 괄호를 치고 '내 마지막 희망'이라고 써 넣었다. 이걸 지켜야만 사랑하는 가족이 자신을 버리지 않을 거라는 마지막 희망이라는 뜻에서였다.

두 사람은 그 이후 이 원칙을 지켜나갔다. 사소한 말 다툼에서 이혼

위기까지 갔던 두 사람은 보통의 다른 부부들처럼 싸우고 삐치다가도 화해하고 웃을 수 있는 그런 사이가 되었다.

그래서 '부부싸움은 칼로 물베기'라고 했던가! 살아가면서 잠시 실수로 서로를 원망하긴 했지만, 이 '부부 싸움의 원칙'이란 글귀 때문에 금방 서운한 감정을 풀어 버렸으니 말이다.

■ 부부 싸움은 져주는 것이 이기는 것

부부 생활을 하다 보면 가끔은 작은 부부 싸움이 발단이 되어 이혼이라는 극단적인 상황까지 몰고 가는 경우도 있다. 혜란 씨 남편 성호 씨가 그랬다.

혜란 씨와 성호 씨는 결혼 12년차 부부다. 평소에는 사이좋은 부부이지만, 사소한 문제로 싸움이 시작되면 남편 성호 씨는 아내를 끝까지 몰아세워 꼭 사과를 받아내곤 했다. 그런 남편의 태도에 혜란 씨는 큰 불만을 품게 되었다.

오랜만에 동창 모임에 다녀온 혜란 씨는 기분이 별로 좋지 않았다. 남편의 승진을 자랑하는 친구, 재테크로 아파트 평수를 넓혀간 친구들의 이야기를 듣다 보니 자신은 점점 뒤처지고 말았다는 생각이 들었기 때문이다.

회사에서 돌아온 성호 씨가 안색이 밝지 않은 아내의 얼굴을 보고 물었다.

"당신, 왜 그래. 뭐 기분 나쁜 일 있었어?"

혜란 씨는 친구들과 만나서 느꼈던 기분을 남편에게 털어놓고 위로받고 싶은 마음에서 입을 열었다.

"오늘, 친구들 만났는데 그 친구들은 다 잘사는 것 같더라고."

"그래? 잘사는 친구 뒀으니 당신 기분도 좋아야지."

"내가 기분좋을 일이 뭐가 있어? 나는 이렇게 별 볼 일 없이 사는데."

"당신이 어때서? 집 있지, 남편 있지, 자식들 있지, 그리고 아직 처녀처럼 이렇게 예쁘지. 불만이 뭐가 있어?"

"치이. 누가 그런 공치사에 속을 줄 알아?"

남편이 농담으로 그냥 한 말 같아서 좀 더 얘기를 이어갔다.

"당신 현숙이 알지? 걔는 남편이 승진해서 이번에 집에서 축하파티를 했는데, 남편 후배들이 사모님, 사모님 하는데 피곤이 싹 달아나고 그렇게 좋을 수가 없대. 그리고 지연이 알지? 나보다 키도 작고 주근깨 난 애 말이야, 걔는 솔직히 예쁘지도 않은데 옛날부터 남자한테 관심도 없고 선도 안보고 일만 하고 다녀서 결혼이나 하려나 싶었거든. 그런데 남편을 진짜 잘 만났지 뭐야. 얼마 전에는 아파트 평수를 넓혀서 이사했대. 그래서 그런지 십 년은 젊어 보이더라. 대체 걔들은 무슨 복이 그렇게 많은 건지 모르겠어. 남의 복까지 싹 긁어 갔나 봐."

혜란 씨의 말에 성호 씨는 아무런 대답도 하지 않고는 딱딱한 표정으로 갑자기 신문을 펴들고 읽기 시작했다.

"다시는 동창회 안 나갈 거야. 별 볼 일 없던 애들이 남편 잘 만나 호강하는 것도 솔직히 그런데, 남편 자랑만 하는 꼴을 보고 있자니 눈꼴이 시어서 못 봐주겠더라."

성호 씨가 거칠게 신문을 내려놓더니 목소리를 높였다.

"그래서 어떻다는 거야? 무슨 얘기를 하려고 이렇게 뜸을 들이는 거냐고. 남편 잘못 만났단 얘기하고 싶은 거 아냐!"

"아니, 누가 그렇대? 당신 무슨 콤플렉스 있어. 왜 넘겨짚고 그래…."

"그래, 나 콤플렉스 있다. 승진도 못하고 만날 언제 잘릴까 전전긍긍하는 못난 남편이다. 왜!"

"아니, 갑자기 왜 그런 소리를 해?"

"잘난 남편들 얘기 듣고 보니 결혼 잘못했다는 생각이 새록새록 들겠지, 그러니까 내가 친구들 만나봐야 좋을 거 없다고 했지?"

"그거야…."

"친구들 만나고 오면 항상 투덜거리고 며칠씩 기분 나빠하잖아. 그러면서 뭐하러 친구들은 만나고 다니느냐 그 말이야. 잘난 남편들 얘기 듣고 와서 넌 이렇게 못난 놈이다, 확인시켜 주려고 그러는 거야…."

"아니, 누가 그렇대? 기가 막혀서. 그래, 솔직히 나나 되니까 당신 같은 사람이랑 살지."

"당신 말 다했어? 당신은 당신이 대단한 사람인 줄 아는데 말이야, 당신이 할 줄 아는 게 뭐가 있어? 살림을 잘해, 애들을 잘 키워?"

"어휴, 정말 당신하곤 말이 안통해. 당신은 밴댕이보다 속이 더 좁은 남자야. 당신 같은 사람에게 시집온 내가 잘못이지."

혜란 씨의 말에 성호 씨는 더욱 화가 나서 목소리를 높였다.

"뭐어? 이 여자가 말이면 다인 줄 아나. 당장 사과하지 못해!"

"내가 왜 사과를 해? 내가 뭘 잘못했다고 사과하래."

혜란 씨는 혜란 씨대로 자신의 마음을 제대로 읽어주지 못하고 삐뚤게 나오는 남편이 미웠고, 성호 씨 역시 다른 집 남편과 비교당한 일이 상처로 남아 마음이 상했다. 성호 씨는 혜란 씨에게 일방적인 사과를 강요했다. 혜란 씨는 이번에는 무슨 일이 있어도 먼저 사과하지 않겠다는 결심을 굳히고 있었기에 부부 사이에 냉전이 계속됐다.

그러자 아이들의 태도가 좀 이상해졌다. 엄마와 아빠 사이에 한랭전선이 흐르자 아이들은 긴장하고 불안해했다. 초등학교 3학년인 큰아이는 공부에 집중하지 못했고, 유치원에 다니는 둘째는 자다가 이부자리에 지도를 그렸다. 이런 상황이 되자 혜란 씨와 성호 씨는 아이들의 불안부터 없애줘야겠다는 생각을 했다.

퇴근길에 집으로 돌아가던 성호 씨는 맥주 두 병을 샀다. 남편이 맥주를 사들고 온 것을 본 혜란 씨는 집에 있던 마른안주를 간단하게 준비했다. 두 사람은 식탁에 마주앉아 술잔을 기울였다. 성호 씨가 먼저 말문을 열었다.

"아이들을 생각해서라도 서로 마음 풀자."

"나도 그럴 생각이었어. 그날은 내가 잘못했어 미안."

"아니야, 내가 잘못했지, 그런데 당신이 친구들 잘난 남편들하고 날

비교하니까 기분이 안 좋더라고. 화내서 미안."

이렇게 말하면서 성호 씨는 아내를 바라보고 쑥스러운 듯웃었다. "나는 당신이 잘나가든 못나가든 제일 사랑해. 당신을 사랑하지 않았다면 어떻게 결혼을 결심했겠어? 나는 그냥 당신한테 위로를 받고 싶었던 것뿐이지 친구 남편들하고 당신을 비교하려고 한 건 아니었어.

"알아. 당신이 홧김에 심한 말 했던 것처럼 나도 그때 한 말은 다 진심이 아니었어. 그냥 홧김에 쏟아져 나온 말이니까 이제 다 잊어줘. 알았지?"

"부부 싸움에선 지는 게 이기는 거라더니, 정말 맞는 말인 것 같아. 당신하고 내가 서로 잘못했다고 사과하니까 문제가 금방 풀렸잖아, 이후 성호 씨는 무슨 일이든 아내에게 사과를 받아내려고 했던 태도를 바꾸어 자신이 먼저 미안하다고 사과하는 일이 많아졌다. 이런 화해가 반복되는 사이 혜란 씨와 성호 씨는 싸움이 있더라도 서로 미워하기보다는 화해하고 사랑할 것이라는 믿음이 생겨나 서로에게 더 다정해졌다.

혜란 씨 부부는 이제 서로를 백 퍼센트 믿는다. 성호 씨는 아내의 자존심을 지켜주는 리더십도 살아났다. 먼저 이해하고 감싸주는 것이 서로의 행복을 위한 것임을 깨달은 부부는 오늘도 행복하다.

6 가정 속의 아내, 가정 밖의 남편

 난 많이 배우지 못했기 때문에 내 남편 되는 사람은 많이 배운 사람이길 원했다. 그건 내 오랜 소망이었다. 단정한 양복이 어울리고 노트북과 만년필을 들고 멋지게 꾸며진 사무실에 앉아서 일을 하는 사람, 밖에서 힘든 일을 하지 않아도 되는 그런 사람을 만나고 싶었다.
 지금의 남편을 처음 만났을 때, 남편은 촌스럽게 탄 시커먼 얼굴이었다. 입고 있던 양복은 마치 세탁소에서 빌려온 듯 어색해 보였다. 거기다 상처가 많은 손을 보고 힘한 일을 하는 사람이라는 것을 알았다.
 남편은 내가 꿈꿔 오던 이상형과는 아주 거리가 멀었지만 처음 만났을 때부터 편안하고 좋았다. 그냥 나를 오래 전부터 알았던 사람처럼 편안하게 해줬고 따뜻하기까지 했다. 그런 점에 끌려서 나는 지금의 남편과 결혼을 했다.

연애시절부터 지금까지 남편은 나를 한 번도 실망시키거나 화나게 한 적이 없었다. 나는 남편의 모든 것에 만족했고 고마워했다. 하지만 딱 하나, 남편의 직업만큼은 만족할 수가 없었다.

내 남편은 세칭 '노가다'라 불리는 건설 현장의 근로자다. 직업엔 귀천이 없다는 말도 있긴 하지만 현실은 다르다는 것을 부정할 수 없었다. 해마다 3월이면 나는 마치 죄짓는 기분으로 아이들의 가정 환경 조사서에 남편의 직업을 '회사원'으로 적었다. 혹시 선생님께서 우리 아이들을 색안경을 끼고 보거나 반 친구들이 우리 아이들 아버지의 직업을 가지고 무시할 것 같아 회사원으로 적은 것이다.

가끔 텔레비전이나 신문을 보면 가끔 건설 현장의 인부가 안전사고로 크게 다치거나 사망했다는 기사를 접한다. 처음에는 그냥 나와 비슷한 사람이 있구나, 하고 생각했지만 시간이 흐를수록 마치 그 일이 나에게 일어난 일처럼 느껴졌다. 그러면 가슴이 철렁하고 아무 생각도 없이 그저 남편이 미치게 보고 싶어졌다. 남편이 일하는 공사 현장으로 달려가 내 눈으로 직접 안전하게 있는 모습을 확인하고 싶은 충동을 느낀 적이 한두 번이 아니었으니까….

긴 장마 중에 모처럼 맑았던 어느 날, 눅눅해진 이불들을 옥상에 널고 있었다. 그때 남편은 집에서 멀지 않은 현장에서 일을 하고 있었다. 옥상에서 남편이 일하는 현장을 바라보니 멀리 남편 회사 이름이 쓰인 곤돌라가 보였다.

그런데 문득 불안한 생각이 들었다. 괜한 생각이라 치부하고 떨쳐내려 해도 자꾸 그 불안이 점점 무겁게 나를 누르는 것 같아 더 이상 참을 수 없을 지경이 되었다.

그런 느낌은 처음이었다. 마치 남편이 어떤 불행한 사고를 당해 공사장 한가운데 누워 있을 것 같은 불안감이었다. 이불을 대충 널어놓고 부산하게 움직였다. '안전하게 일하는지 멀리서 확인만 하면 돼'하고 생각하며 공사 현장을 향해 걷기 시작했다. 시장을 지나 큰길 하나 건너 아파트 신축 공사장이었다. 높게 쳐진 철문으로 레미콘 차의 출입이 빈번했다.

나는 공사장보다 높은 위치에 있는 놀이터로 가서 공사장 정면에 있는 벤치에 올라섰다. 공사장 안이 한눈에 보였다. 혹시나 하는 마음으로 남편을 찾았다. 남편은 온 힘을 다해 망치질을 하고 있었다. 그 망치 소리는 더욱 더 큰 소리로 내 마음 속에 메아리쳤다. 그 순간 눈물이 하염없이 쏟아지는 통에 나는 벤치에서 하마터면 떨어질 뻔했다. 왜 남편은 이런 땡볕 아래서 일을 해야 처자식을 먹여 살릴 수 있을까? 하는 생각을 하니, 미안한 마음에 가슴이 저렸다.

집으로 돌아와 아이들에게 오늘 있었던 일을 이야기했다. 눈물이 많은 큰딸은 눈 주위가 빨갛게 물들었다. 나는 그냥 아이들을 조용히 껴안았다. 그리고 부산하게 저녁 준비를 하고 있는데 초인종이 울렸다.

"아빠다!"

아이들이 달려가 반갑게 문을 열었다. 평소에는 숙제다, 공부다, 게

임이다 하며 아빠가 와도 코빼기 하나 안 비치던 아이들이었다. 평소와 다른 아이들의 환영에 남편은 '이거 무슨 일이지? 내 생일도 아닌데… 하시면서 이놈들. 용돈이 다 떨어졌구나!'하고 말하는 것이 아닌가.

"아니에요. 그냥 이제부터 철들기로 했어요."

아이들은 남편의 주위를 돌며 남편을 기쁘게 했다.

"얘들아, 상 차리는 것 좀 도와줄래? 당신은 어서 씻어요. 저녁 준비 다 됐어요."

가족들이 기분 좋게 밥상에 둘러앉았다. 작은애는 자기가 좋아하는 햄 반찬을 남편 앞에 밀어주었다.

"아빠, 이것 좀 드셔 보세요."

세상에서 음식 욕심이 제일 많은 녀석이 웬일이야 하는 눈으로 작은애를 쳐다보던 남편은 햄을 한 개 집어 들었다. 맛있게 먹으며 남편이 너스레를 떨었다.

"이야, 이거 정말 꿀맛이다. 형서가 웬일이냐?"

"아빠! 이것도요."

큰애는 계란말이 한 조각을 아빠 밥그릇에 올려놓았다.

"허허. 녀석들 봐라."

남편은 갑자기 두 날개를 단 사람 같은 표정이었다.

나는 이날 저녁 남편의 다리를 주물러 주었다, 남편은 별일 다 보겠다는 표정이었다. 나는 다리를 주무르며 말했다.

6. 가정 속의 아내, 가정 밖의 남편

"당신 오늘 XX 빌딩 공사장에서 일했죠?"

"어, 당신이 그걸 어떻게 알았어?"

"오늘 당신이 보고 싶어서 당신 일하는 현장에 한번 가 봤어요."

"그래? 뭐하러…."

남편은 자기가 고생하는 걸 지켜본 게 쑥스러운 모양인지 시선을 텔레비전에만 고정시키고 있었다. 나는 남편에게 나지막이 말했다.

"여보, 고마워요."

"뭐가?"

"그냥요."

"이 사람, 싱겁긴…."

너무 오랫동안 남편에 대한 나의 마음을 표현하지 않아서일까? 남편과 나는 서로 쑥스러워서 한동안 더 이상 말을 잇지 못했다. 텔레비전을 응시한 채 한동안 침묵이 흘렀다. 내가 남편에게 물었다.

"냉커피 한잔 타 줄까요?"

"아, 타 주면 잘 먹지."

사실 지금까지 남편이 밤늦게 커피를 부탁해도 나는 타 주지 않았다. 커피만 마시면 새벽까지 잠을 이루지 못해 고생하기 때문이다. 한번은 밤에 커피를 마시고 잠자리에 누웠다가 끝내 잠들지 못해 그냥 지새운 적도 있었다.

"내일 일 못 나가면 어쩌려고 커피를 다 타 주시나?"

"뭐 어때요? 하루 쉬면 되지."

내 말에 남편이 방긋 웃으며 장난기 어린 표정을 지었다.

"우리 블랙커피 한번 마셔 볼까?"

"맞아, 텔레비전에서 보니 요즘 사람들 블랙커피 마시는데 세련돼 보이더라 하신다. 한 모금 마신 남편이 얼굴을 찡그리며 말했다."

"아유, 못 마시겠다. 설탕·크림 팍팍 넣어서 먹어야지, 난 못 마시겠다. 차라리 촌스럽고 말지."

우리 부부는 크게 웃었다. 하긴 블랙커피를 마신다고 전부 세련된 거라면 촌스러운 사람이 어디 있겠는가. 그냥 우리한테 맞는 걸 찾으면 된다고 생각했다. 겉모습을 보고 사람의 내면을 알 수는 없는 노릇이다. 남편은 비록 겉보기에 투박해 보여도 무식하거나 점잖지 못한 사람이 아니다. 남편과 살면서 학력이 사람의 인격을 대변하지 않는다는 것을 비로소 알았다. 남편은 언제나 사려 깊고 신중하게 행동했으며 만능 재주꾼이기도 하다.

"당신 이번에 돈 나오면 백화점에서 옷 좀 사. 옆집 진영이 엄마 같이 야들야들한 옷 입으면 당신이 몇 배는 더 예쁠 거야. 당신도 이제 멋도 좀 부려."

"누군 사 입을 줄 몰라서 안 사 입는 줄 아나? 당신이 땡볕에서 땀 흘리며 고생해서 번 돈으로 어떻게 비싼 옷을 사 입어요?"

"다 당신하고 애들 위해서 일하는 건데 뭘 그래? 이번 달에 꼭 사 입어. 미용실 가서 머리도 좀 하고…. 그리고 나 일하는 곳에 오지 마. 난 당신이 애들 잘 키워줘서 얼마나 고마운지 몰라. 난 밖에서 일하지만 당신이 우리 가족 위해서 안에서는 나보다 더 힘들게 일하잖아."

　나는 아무 말도 못하고 남편의 손을 잡았다. 그만 목이 메어 왔다. 그리고 이런 걸 행복이라고 말해도 좋다는 생각이 들었다. 지체 높으신 사모님으로 불리지는 않아도, 비싼 보석 같은 게 아니라도 잠깐씩 이렇게 느끼는 걸 행복이라고 말해도 되지 않을까!

　이날 밤 우리 부부는 서로를 신뢰하고, 서로를 존경하는 마음에서 오는 행복감에 깊이 빠져 들었다. '행복은 거창한 데서 오는 것'이 아니었다!

7 아빠 자리, 엄마 자리… 서로의 자리

디자인 회사의 팀장인 영애 씨는 잦은 야근으로 퇴근이 불규칙하다. 결혼 후 일을 그만두고 싶었던 때가 있었지만 집 평수도 늘려가야 하고, 아이들 사교육비도 만만찮은 시대에 남편의 수입만으론 가정생활을 감당해 나갈 수가 없었다. 또 서른 중반이라는 나이 때문에 지금의 회사를 그만 두고 다른 회사로 옮길 수도 없는 입장이다. 거기다 밀려오는 후배들은 그녀가 자리만 차지하고 있을 수 없게 만들었다.

회사에선 팀장으로서 책임을 다해야 하고, 집에서는 두 아이와 남편을 가진 아내로서의 역할도 해야 하니 영애 씨는 안팎으로 뛰지 않을 수 없는 위치에 있다. 회사 생활과 가사를 동시에 해내기란 쉽지 않다.
"얘들아, 엄마가 늦었지? 미안해."

"엄마, 다녀오셨어요! 우린 라면 끓여 먹었고 아빠는 회식 있어서 늦는데."

"그래. 오늘 학원은 다 갔다 온 거야?"

"우리 딸들 착하네. 근데 엄마가 라면은 먹지 말고 밥 먹으라고 했잖아. 국도 끓여 놨는데…."

"그래도 라면은 인스턴트식품이니까 일주일에 한 번씩만 먹으라고 했잖아, 몸에 안 좋아."

"응, 알았어."

아이들은 늘 그렇게 대답은 하지만 어른이 없는 집에서는 통제가 불가능했다. 이런 아이들을 보면서 영애 씨는 지금 자신의 선택이 현명한 건지 혼란스러웠다. 일에 대한 욕심과 경제적 여건을 핑계로 아이들을 희생시키는 것은 아닌지 하는 생각을 하면 당장이라도 회사를 그만두고 싶어졌다. 고민 끝에 남편에게 이야기를 했다.

"나 회사 그만둘까 봐."

"왜? 힘들어. 힘들면 그만두고."

"힘도 들지만 애들이 걱정이 돼서. 내가 요즘 거의 매일 야근하다시피 하니까 집안도 엉망이고 애들 챙겨 주는 사람이 없으니 매번 라면이나 먹고…."

"다 큰 애들 밥 챙겨 주려고 그만두면 당신 능력이 너무 아깝잖아. 그만두려면 애들이 어릴 때 그만뒀으면 고생이나 덜 했지. 벌써 지연이가 5학년이고 지우는 3학년이잖아. 애들이 정 걱정된다면 어머니께

와서 좀 봐달라고 하지 뭐."

"어머님이 좋아하실까?"

"어차피 일하는 사람한테 나가는 돈 어머니께 드리면 되지."

"돈이 문제가 아니라…. 어머님도 요즘 이것저것 배우러 다니시느라 바쁘시고 당신 생활이 있는데 우리 애들까지 부탁드리면 좋아하시겠어? 어머님껜 방학 때나 부탁해야 돼."

"알았어. 그럼 없던 일로 해."

그런 어느 날, 영애 씨는 일본으로 보름간 출장을 가게 되었다.

"보름씩이나 가야 해?"

"이번 박람회에 내가 기획한 인형들이 출품되는 거잖아."

"당신이 박람회 처음 가는 사람도 아닌데 보름이면 너무 길잖아. 일주일만 간다고 하면 안 돼?"

"애들처럼 왜 이래? 회사 일정을 내가 마음대로 바꿀 수 있을 거라 생각해?"

"아님, 다른 사람 보내면 되잖아."

"우리 회사에서 일본 담당은 나야. 그런데 다른 사람을 보낸다고 하면 회사에서 그렇게 하라고 하겠어? 당장 사표 쓰라고 하지. 어쩌면 당신은 당신 생각만 해. 회사를 모르는 사람도 아니고."

"그럼 애들은 어떻게 해?"

"당신이 좀 챙기고 있어. 당신은 아빠 아니야. 평소에 내가 하던 일 당신이 좀 대신 하면 안 돼? 우리 애들이 남이야."

영애 씨가 출발하고 처음 3일간 중구 씨도 특별 감사에 걸려 매일 야근을 했다. 늦게 집에 들어오는 아빠를 아이들은 눈을 비벼가며 기다렸다.

"아빠, 다녀오셨어요."

"왜 이렇게 늦게까지 안 잤어? 내일 학교에서 졸려고…. 어서 들어가서 자거라."

중구 씨는 3일간의 특별 검사가 끝나자 조퇴를 하고 집으로 일찍 돌아왔다. 쉬고 싶어었지만 모처럼 어지러워진 집안 안팎 청소를 시작했다. 주방을 치우고 거실을 치우고 안방 청소까지 마치고 나서 아이들 방을 열어보니 엉망이었다.

책상 정리부터 시작한 중구 씨는 시험지 한 장을 발견했다. 수학 경시대회 시험지였다. 50점을 겨우 넘긴 지연이의 시험지를 보고 깜짝 놀랐다. '아니, 매일 학원에 다니는 녀석이 성적이 왜 이렇게 형편없어?' 지우의 책상도 뒤지기 시작했다. 지우 역시 겨우 60점을 넘긴 수학 경시대회 시험지를 책상 구석에다 숨겨 두었다. 어린 마음에 차마 버리지는 못하고 숨겨둔 것이었다.

중구 씨는 한숨이 절로 나왔다. 하루 종일 학원에 다니는 녀석들의 성적 치고는 너무나 기대밖이었기 때문이다. 매번 성적표가 나올 때마다 영애 씨가 언성을 높이면 중구 씨는 '그만해, 애들이 항상 잘할 수 있어? 못할 때도 있지.'하고 말한 적이 있었다. 그때마다 아이들에게 큰소리치는 영애 씨가 괜히 그러는 게 아니라는 것을 알게 되었다.

중구 씨는 한참을 생각했다. 아이들을 나무라기보다는 아이들과 시간을 내어 기초부터 같이 공부해야겠다고 마음먹었다.

지연이는 5학년인데 3학년 2학기 수학 문제도 못 풀고, 지우는 2학년 1학기 수학부터 못하네. 부끄러워할 필요 없어. 다 아빠 잘못이야.

중구 씨는 아이들을 데리고 서점으로 향했다. 아이들의 수준에 맞는 수학 문제집을 사 들고 와서 수학을 가르치기로 했다.

"이건 아빠가 만든 계획표야. 어때, 힘들지 않겠지?"

"그럼 학원이랑 공부방은?"

"꼭 배우고 싶은 거 한 가지만 빼고 나머지는 다 그만두자. 배우고 싶은 거 있으면 하나만 골라 봐."

"난 피아노!"

"난 사물놀이!"

"그래, 알았어. 그럼 학교 끝나면 학원 한 군데씩만 갔다 오면 4시쯤 되지? 그때부터 아빠가 퇴근할 때까지 학교 숙제하고 아빠가 내 준 문제집 풀고 있어. 그럼 아빠가 와서 틀린 곳 봐 줄게. 모르는 거 있으면 그것도 그때 같이 공부하자."

보름 동안의 출장을 끝내고 돌아온 영애 씨는 깜짝 놀랐다. 보나 마나 자신이 없는 집안은 엉망일 거라고 생각하고 문을 열었는데, 집이 너무나도 깔끔하게 정리가 되어 있었다. 게다가 중구 씨와 아이들이 식탁에 앉아서 함께 공부하고 있는 게 아닌가.

영애 씨는 자신의 눈을 믿을 수가 없었다.

"이게 꿈이야? 꿈이면 깨지 마라."

"무슨 소릴 하는 거야? 후후."

"너무 신기해서 그렇지. 나는 출장을 가 있으면서도 당신이 애들하고 집은 엉망으로 해 놓고 텔레비전만 보고 있을까 봐 걱정 많이 했는데…. 이렇게 상상 외의 모습을 보니까 말이 꽉 막히네."

그날 밤 이들 부부는 오랜만에 아이들에 대해서 이야기를 시작했다.

"당신도 직장 다니면서 집안일 거의 다 해냈는데 그게 얼마나 힘든 건지 새삼 깨달았어. 앞으로 내가 집안일 좀 더 많이 할게. 그리고 난 애들 성적표만 나오면 당신이 왜 그렇게 언성을 높이는지 이해를 못했어. 그런데 애들 성적을 보니 이건 그냥 학원에 맡길 만한 게 아니더라. 특히 수학이 동급생들 수준에 너무 못 미치더라고.

그래서 이제부터 내가 가르치기로 했어. 애들 각자 학원은 하나씩만 다니기로 하고, 나머지는 다 그만두게 하자. 우리 애들이 머리가 나쁜 편은 아니라서 금방 이해해. 진도도 빨리 나갈 수 있어서 이대로 두 달만 더 하면 애들이 무리 없이 학교 수업 따라갈 수 있을 거야."

"그럼 두 달만 유효한 거야?"

"아니. 내가 능력이 미칠 때까지는 계속 가르치고 싶어. 요 며칠 해 봤더니 가르치는 재미도 있던데."

"갑자기 힘이 난다. 난 내가 회사를 다녀서 우리 애들이 공부를 못한다고 늘 생각했는데. 이제 당신이 도와준다니 학원 보내는 것보다 더 안심이 되네. 나 출장 잘 다녀왔다. 나 없는 사이 무슨 일이 있었는지는 모르겠지만, 이런 일이 매번 일어난다면 1년 내내 출장만 다녀도 좋겠어."

영애 씨는 남편을 보며 활짝 웃었다. 중구 씨 역시 뿌듯함을 느끼며 웃었다. 둘 다 서로를 보며 오랜만에 웃는 웃음이었다.

8 퍼내도 퍼내도 마르지 않는 샘물

늦게 퇴근한 정태 씨는 술 냄새를 진하게 풍기고 있었다.
"아휴, 술 냄새! 무슨 술을 이렇게 떡이 되게 마셨어요?"
"미안해. 당신한테 정말 미안해요."
"알았으니까 방에 들어가."
"여보, 정말 미안해!"
"뭐가 그렇게 미안해요?"
"당신 데려다 호강 한번 못 시키고 고생만 시켜서…. 정말 미안해요!"
 정태 씨는 바닥에 쓰러져 잠이 들었다. 순영 씨는 그런 정태 씨를 힘들게 방으로 끌고 들어갔다. 평소에 술을 잘 마시지 않는 정태 씨가 이렇게 술에 취해 인사불성으로 들어오는 일은 드문 일이었다. 남편에게 무슨 일이 있음을 감지한 순영 씨는 밤새도록 잠을 이루지 못하고 뒤

척였다.

아침을 준비하며 순영 씨는 조심스럽게 남편과 대화를 시도했다.

"당신, 어제 일 기억해요?"

"어제, 무슨 일? 아, 속 쓰리다. 밥이나 좀 줘요."

"당신, 무슨 일 있죠? 혹시… 회사에서 무슨 일 있었어요"

정태 씨는 어렵게 말을 꺼냈다.

"명예퇴직, 신청했어요. 더 이상은 눈치가 보여서 못 다니겠어."

"우석이 졸업은 시키고 그만 둬야 하는데…. 이제 겨우 두 학기 남았어요."

"명예퇴직 신청하면 학자금은 그대로 준대. 그래서 신청했어."

"그래요, 잘했어요. 그동안 당신 고생했는데 우석이 학비도 나오고 하면…. 당신 퇴직금으로 우리 두 식구 못살겠어요? 이번에 이 집 정리해서 조용한 시골로 내려가요. 가서 텃밭이나 일구며 살아요."

의외로 담담한 순영 씨의 반응에 정태 씨는 긴장이 풀어진 듯 표정이 밝아졌다.

"허허, 하여간 당신 배포 큰 건 알아줘야 해."

"이미 결정된 일… 되돌릴 수 있으면 매달리겠지만, 이건 그럴 수가 없잖아요."

"당신이 이해해줘서 고마워요."

"이제 당신도 낼 모레면 예순이에요. 요즘은 오륙도라는 말도 있잖아요. 5, 60까지 회사 다니면 도둑놈이라는데, 당신은 다닐 만큼 다녔어요. 고생 많았어요, 당신."

 사실 순영 씨는 이런 날이 오리라는 걸 알고 있었다. 얼마 전 밖에서 친구들과 점심을 먹고 헤어진 뒤 근처에 있는 정태 씨의 회사에 찾아갔던 것이다. 그러나 사무실에는 남편의 책상이 보이지 않았다. 의아했던 순영 씨는 같은 사무실에 일하는 잘 아는 후배 직원에게 남편의 자리를 물었다.

 "저어, 김 대리님, 오랜만이에요. 다른 게 아니라 근처 지나다가 남편 좀 보러 왔는데 남편이 안 보이네요. 제 기억에 남편 자리가 저 쪽이었던 것 같은데, 사원들 자리가 바뀐 건지, 아니면 제 기억이 잘 못된 건지…."

 "아, 안녕하세요, 사모님. 저기… 부장님은 지금 물류창고에 계세요."

 그 말 듣고 순영 씨는 큰 충격을 받았다. 다리에 힘이 빠져 무릎이 떨렸다. 순영 씨는 자신이 왔다간 사실을 남편한테는 비밀로 해달라고 김 대리에게 당부하고 회사를 나왔다.

 이후 얼마 있다가 정태 씨가 퇴직하게 되었고, 이들 부부는 경기도의 어느 시골마을에 작은 주택을 얻었다. 퇴직금으로 장사를 시작하거나 주식이나 펀드에 투자할까 생각도 했지만, 한번도 해 본 적이 없는 일에 손을 대기 부담스러워 그만 시골로 오게 된 것이다.

 아침이면 집 근처 산을 올랐고 집 앞 공터에 조그만 텃밭도 일구며 이웃의 도움을 얻어 차근차근 농사일을 배워갔다. 식탁에 오르는 온갖 채소들은 두 부부가 직접 밭에서 길렀거나 산에서 캐낸 것, 이웃에서 얻은 것들이었다. 도시에서의 생활과 달리 외식도 쇼핑도 하지 않고 소박하게 살다 보니 생활비가 많이 줄었다. 자연을 오래도록 감상하기도 하고, 꽤 먼 거리까지 온종일 산책을 다녀오기도 했다. 도시 생활에서 느껴보지 못했던 마음에 여유까지 생기니 두 사람은 시골 생활이 만족스러웠다.

어느 날, 정태 씨는 버려진 사과상자 세 개를 집어 들고 집으로 들어왔다.

"이건 뭐에 쓰게요?"

"당신 화장대 하나 만들어 주려고요."

"당신이요? 아니, 망치질 한번 안 했던 사람이… 괜히 고생만 해요. 그만둬요."

"이번 당신 생일에 선물로 내가 근사한 화장대 하나 만들어 줄 거예요."

정태 씨는 인터넷을 뒤져 사과상자로 만든 소품들을 찾았다. 그리고 마음에 드는 모양을 골라 분석해 보고 나름대로 새로 디자인을 했다. 세상에서 하나 뿐인 화장대를 선물하고 싶어 밤이고 낮이고 열심히 망치질을 했다. 순영 씨도 사과상자들이 어느 정도 모양새를 갖춰 가는 걸 보고 어린아이처럼 기뻐했다.

"어쩜, 모양새를 갖추니 가구점에서 파는 것보다 훨씬 예쁘네!"
"이거 완성하면 다음엔 뭘 만들어 줄까?"
"또 만들어주게요? 말이라도 고마워요. 내가 남편은 정말 잘 만났지, 이거면 충분해요."

이렇게 행복하게 지내던 어느 날, 산책하고 돌아오던 순영 씨가 넘어져 허리를 다치는 바람에 입원하게 됐다.
"골다공증이 있어서 넘어지기만 해도 금방 뼈에 손상이 갑니다. 낫는 데도 시간이 남들보다 배로 걸리고요."
"선생님, 그래도 걷는 데는 지장이 없지요?"
답답해진 순영 씨가 물었다.
"그건 수술을 해 봐야 알 수 있습니다."
"수술이요?"
"네. 깁스를 하고 6개월 정도 누워 있어야 뼈가 아물지만, 그동안 꼼짝 못하고 누워 계셔야 하기 때문에 저희 병원은 수술을 권해드립니다."
"그럼, 수술하면 바로 움직일 수 있나요?"
"그래도 한달은 힘드실 겁니다."
"그래도 수술해 나을 수 있다면 다행이죠. 선생님, 잘 부탁드리겠습니다."
부부는 수술을 하면 걸을 수 있다는 한가닥 희망을 갖고 병실로 돌아왔다.

그날부터 정태 씨는 병원의 좁은 의자에 누워 잠을 자며 순영 씨의 수발을 들었다. 아침에 일어나 순영 씨를 씻기는 일부터 시작해 잠자리에 들 때까지 움직이지 못하는 순영 씨를 위해 한시도 자리를 뜰 수가 없었다. 그런 정태 씨에게 순영 씨는 한없이 미안했다.

하지만 정태 씨는 순영 씨가 미안해 할 때마다 이렇게 말했다.

"당신, 내가 쓰러지면 당신은 간호 안 해줄 거예요?"

"무슨 소릴 해요. 내가 왜 당신을 간호 안 해주겠어요. 당연히 해 주죠."

"나도 마찬가지예요. 내 마누라 아파서 누워 있는데 누가 간호를 하나, 내가 해야지. 당신은 아무 생각하지 말고 마음 편하게 있어요. 당신은 나를 위해 30년을 애써 줬는데, 내가 당신 위해서 30일도 수발 못 들면 그건 당신 인생 밑지는 장사지."

"그래도… 당신한테 고마워요, 당신 젊었을 때 아프다는 말에 난 질색이었거든요. 난 나중에 병 걸리면 간병해 줄 사람이 없어서 요양원 가야 할 거라고 친구한테 그렇게 얘기한 적도 있는데 자꾸 그때 생각이 나요."

"쓸데없는 소리…."

"그땐 당신이 이렇게 자상한 줄 몰랐어요. 나 너무 호강하는 것 같아서 아프지만 않아도 된다면 좀 더 누워 있고 싶을 정도예요."

"퇴원해서 집에 가도 잘해 줄 테니 어서 일어나요. 당신이 누워 있으면 내가 힘이 안 나, 당신 주려고 만든 화장대에 앉아서 책도 보고 화장도 하는 모습 얼른 보고 싶어요.”

정태 씨는 순영 씨의 손을 꼭 잡았다 언제나 든든하게 버팀목이 됐던 아내라서 때론 자신보다 강하다고 믿었는데, 그런 아내가 누워 있는 모습을 보면서 정태 씨의 마음은 아렸다.

사실 정태 씨는 뒤늦게 회사 동료에게서 순영 씨가 찾아온 적이 있다는 말을 들었다. 아내가 자신의 자존심을 지켜 주려고 명예퇴직을 신청했던 그 날까지 아무말 없이 자신을 지켜봐 주었다는 사실을 안 것이다.

젊은 시절에는 성질에 못 이겨 내뱉은 심한 말들을 참아 주고, 나이 들어서는 편하게 살게 해주지도 못하는 못난 남편을 그래도 사랑해 주는 아내는 이제 정태 씨에게 세상에서 제일 귀하고 소중한 사람이었다. 부부의 사랑은 마치 퍼내도 퍼내도 ‘마르지 않는 샘물’처럼 깊어져만 갔다.

9 꽃다발 속의 아버지의 편지

"엄마, 생신 축하드려요."
"오래오래 건강하세요."
자식들의 선물과 축하의 말에 재희 씨의 어머니는 기뻐서 어쩔 줄 몰랐다.
"고맙다, 얘들아."

오늘은 재희 씨 어머니의 60번째 생일이다.
아침에 일찍 일어난 자녀들과 사위, 며느리는 미역국도 끓이고 맞춰 놓은 떡케이크도 썰어 놓고 생일상을 차렸다. 그리고 정성스럽게 준비한 선물을 어머니에게 드렸다.
"아버지, 아버지는 엄마 선물 준비 안 했어요."

아들이 묻자 아버지는 아무 말도 하지 않고 슬그머니 일어서더니 베란다로 나가버렸다.

"야, 아버지 화나셨나 봐."

"그러게, 그런 말을 왜 해."

식구들은 소란스럽게 어머니의 생일을 축하하던 것을 잊고 조용히 아버지의 눈치를 살폈다. 잠시 후 아버지가 베란다에서 나오는데 한 손에 커다란 꽃다발을 들고 나타났다.

"나도 선물 준비했다."

식구들은 '우와'하며 탄성을 질렀다. 아버지는 어젯밤에 몰래 사둔 꽃다발을 베란다에 감춰 두었던 것이다.

재희 씨의 딸이 자기가 전해드리겠다며 할아버지한테서 꽃다발을 빼앗아 재롱을 부리며 뛰어가다가 꽃다발 속에 하얀 봉투가 들어 있는 것을 보았다.

"어, 꽃다발 속에 뭐가 있다!"

보물찾기 놀이에서 무언가를 찾아낸 듯 신바람이 난 손녀의 손에는 하얀 종이봉투가 들려 있었다. 식구들의 눈길이 봉투에 쏠렸다. 재희 씨의 아버지는 손녀 앞으로 슬금슬금 다가가 편지를 빼앗더니 어머니의 손에 쥐어주었다. 그 순간 어머니의 얼굴이 고운 복숭아 빛으로 물드는 것을 보고 식구들은 웃으며 박수를 쳤다.

"엄마 쑥스러워 하신다. 엄마! 제가 읽어드릴까요."

그러자 아버지는 편지를 받으려던 재희 씨를 막아서며 말했다.

"너희 엄마 돋보기 갖다 드려라."

어머니는 딸이 가져다 준 돋보기를 쓰고 남편의 편지를 더듬더듬 읽어 내려갔다.

"여보, 고맙소. 아들 딸 잘 키워주고, 지금까지 잘 살아주어서 참 고맙소."

까마득한 세월을 함께 보내는 동안 고맙다는 말을 들은 적이 없는 어머니는 눈물을 흘리고 말았다. 아버지도 고개를 돌리며 눈가에 맺히는 눈물을 훔쳐냈다. 재희 씨와 다른 식구들은 두 분을 응원하는 뜻에서 힘차게 박수를 쳤다.

재희 씨는 아버지와 어머니가 연애시절 가슴이 뛰는 사랑의 편지와 선물을 곧잘 주고받으셨다는 이야기를 들은 적이 있다. 하지만 나이를 먹은 사람들이 흔히 그렇듯이 생활에 부대껴 생일 편지 같은 것은 젊은 시절에나 주고받는 일로 치부하던 터였다. 떨리는 손끝으로 썼을 아버지의 글씨를 들여다보던 재희 씨는 오래 전 안방에서 일어났던 일이 떠올랐다.

어느 날 재희 씨는 안방에서 조용히 흐느끼는 소리가 들려 방문을 열어 보았다. 혹시 부모님에게 무슨 일이라도 생겼나 싶어 가슴이 덜컥 내려앉았다.

그러자 얼마나 울었는지 눈가가 퉁퉁 부은 부모님이 무슨 일이냐면서 돌아보는 것이었다. 두 분은 수건으로 서로의 얼굴을 닦아주고 있었다.

두 분은 부인이 병에 걸려 먼저 저 세상으로 간다는 내용의 텔레비전 단막극을 보고는 그렇게 울었던 것이다. 어머니는 드라마가 너무 슬퍼서 울었고, 아버지는 그런 어머니의 모습이 안쓰러운 느낌이 들어 같이 울었다고 한다.

재희 씨는 드라마 주인공의 슬픔을 당신들의 인생처럼 받아들여 펑펑 우신 부모님의 곱고 부드러운 성정 덕에 자신이 긴 세월 어려운 살림 속에서도 바르고 행복하게 자라날 수 있었으리라고 생각했다.

재희 씨는 맞춤법이 틀리긴 했지만 또박또박 정성스럽게 적은 아버지의 편지를 몇 번이고 읽으며 가슴에 새겼다. 자신도 남편과 함께 서로 아끼고 정답게 살아서 언젠가 나이가 들면 부모님처럼 남에게도 행복한 기운을 전달할 수 있는 부부가 되리라 마음먹었다. 그리고 아버지의 편지를 안방 벽에 붙여 놓았다.

그러자 아버지는 빙그레 웃으시며 슬그머니 편지를 떼어내시고는 이렇게 말씀하셨다.

"내년에 또 쓸 건데 뭘…."

10 워크숍에서 있었던 어느 강사의 숙제

한 강사가 어르신들을 위한 워크숍에서 숙제를 냈다.
숙제의 주제는 다음과 같았다.

다음 주 일주일 동안 자신이 사랑하는 사람에게 사랑한다고 말하되, 반드시 전에 한 번도 그 말을 하지 않은 사람이거나, 오랫동안 그런 적이 없는 사람에게만 해야 한다.

젊은 사람들에게 있어 그것은 숙제랄 것도 없는 일이었다. 칭찬하고 사랑한다고 표현하는 일이 일상이기 때문이다. 하지만 그 모임에 참가한 수강생들은 대부분 4, 50대 이후의 남성들이었다.

그들은 자신의 감정을 솔직히 표현하는 것은 '사내'가 할 짓이 못 된다는 어떤 고정 관념에 사로잡혀 살아온 사람들이기에 참으로 난감한 숙제가 아닐 수 없었다.

다음 워크숍 시간이 돌아왔다.

강사는 수강생들에게 '여러분, 누군가에게 사랑한다고 말했을 때 어떤 일이 일어나던가요'하고 물었다.

강사는 평소처럼 여성이 먼저 손을 들 것이라고 생각했다. 그러나 뜻밖에도 가장 먼저 손을 든 사람은 60대 가량의 남자였다.

"선생님, 지난주에 선생님이 숙제를 냈을 때 난 무척 화가 났습니다. 그런 말을 해야 할 상대도 없었을뿐더러, 선생님이 그런 개인적인 일을 숙제로 낼 이유가 없다는 생각이 들었습니다. 하지만 차를 몰고 집으로 돌아가는데, 내 양심이 나에게 말을 걸어오더군요."

'네가 누구에게 사랑한다는 말을 해야만 하는가를 너 스스로 잘 알고 있잖아'

"난 다섯 해 전에 아들과 어떤 민감한 문제로 심하게 다퉜고, 그 이후로 그 감정을 그대로 안은 채 살아왔습니다. 우리는 크리스마스 때나 다른 불가피한 가족모임을 제외하고는 서로 마주치기를 꺼렸지요. 지난주 화요일, 워크숍에 참석하고 돌아오면서 '그래, 아들에게 가서 사랑한다는 말을 해야만 해'하고 제 자신을 설득시켰습니다. 일단 결정을 내리자 마음의 무거운 짐이 덜어지는 게 느껴지는 겁니다.

집에 도착하자마자 난 잠자리에 든 아내를 흔들어 깨웠습니다. '여보, 내가 누군가에게 사랑한다는 말을 해야만 한다면, 난 내일 아들을 찾아가 그 말을 하고 싶소'라고 말했습니다.

그랬더니 아내가 벌떡 일어나 나를 껴안는 것이었습니다. 아내는 결혼 후 처음으로 내가 눈물을 흘리는 걸 봤습니다. 우리는 밤새도록 이야기를 나눴지요. 정말 멋진 밤이었습니다.

다음 날 아침 저는 여느 때보다 밝은 기분으로 일찍 일어났습니다. 사실 너무 흥분해서 제대로 잠을 이룰 수가 없었지요. 난 일찍 사무실에 나가, 전에는 하루 종일 걸렸던 일들을 두 시간 만에 후딱 해치웠습니다. 그리곤 오전 9시에 아들에게 전화를 걸어 할 얘기가 있으니 이따 퇴근길에 만나자는 제안을 했어요. 그러자 아들은 언짢은 말투로 무슨 일이냐고 되물었습니다. 시간을 오래 뺏진 않을 거라고 말했더니 아들은 마지못해 승낙하더군요.

오후 5시쯤 난 아들의 집으로 가서 초인종을 눌렀습니다. 제발 제 아들이 문을 열기를 기도하며 말입니다. 만일 며느리가 나온다면 나 자신이 금방 겁쟁이가 되어 그 말을 못하게 될까 봐 겁이 났던 겁니다. 다행히 아들이 문을 열더군요. 난 시간을 끌 필요도 없이 곧장 문 안으로 한 걸음 들어가 아들에게 말했습니다.

'내 아들아, 사랑한다는 말을 하려고 왔단다. 난 널 그 누구보다 사랑해.'

그 순간 아들은 얼굴 표정이 부드러워지더니 이렇게 말하더군요.

'나도 아버지를 사랑해요. 아버지가 절 미워한다는 생각 때문에 그 말을 할 수가 없었어요.'

난 벅찬 감동을 받은 나머지 한 발자국도 움직이고 싶지 않았어요. 아들과 난 잠시 동안 그렇게 껴안고 있었습니다. 지금까지 오랫동안 그런 감동적인 순간을 느껴보지 못했습니다. 하지만 내가 말하려고 하는 건 그게 아닙니다. 그날의 감동적인 얘기 같은 걸 말하려는 것이 아니라는 것입니다.

제가 아들에게 다녀온 이틀 뒤, 아들이 그만 교통사고를 당해 병원에 입원했다는 사실입니다. 아들은 아직도 의식불명인 상태이고, 과연 깨어날 수 있을지 의문입니다.

제가 여러분에게 말씀드리고자 하는 것은 바로 이것입니다. '해야만 한다'고 느끼는 일을 미루지 마십시오. 만일 오늘 당신의 자녀들에게 또는 소중한 사람들에게 사랑한다는 말을 하지 못한다면, 영원히 그 말을 전하지 못할 수도 있다는 것입니다.

아직 늦지 않았습니다. 아마도 자신의 인생에 두 번 다시 기회가 안 올지도 모릅니다. 시간을 내서 지금 당장 실천하십시오.

진심으로 사랑하는 사람에게 '사랑한다'는 말을!"

11 이혼 위기를 맞은 부부…
딱 한마디 말이 어려워

'어쩌다 이렇게 됐을까.'

미선 씨는 자신의 손에 들린 하얀 종이를 하염없이 바라보았다. 자신과 남편의 도장이 찍힌 이혼 서류… 그녀는 이런 일 때문에 이혼을 할 수 있다는 사실에 기가 막히기만 했다.

한 달 전, 그들 부부는 기분 좋게 텔레비전을 보고 있었다. 뉴스를 보던 남편이 여성 앵커를 보며 한마디 했다.

"여자들 눈에도 저 앵커가 예쁜가?"

"글쎄…."

"예전에 나 따라다니던 여자랑 많이 닮았어."

"당신을 따라다녀… 누가, 언제?"

남편은 미선 씨의 약을 올리고 싶었다.

"당신이랑 한창 연애할 때지. 거래처 여직원이었는데 하루에도 몇 번씩 전화를 하더라고."

"그래서?"

"그래서는 무슨 그래서야. 만나서 잘 타일렀지. 근데 얼마 전에 결혼한다는 것 같던데."

"뭐? 아직도 연락하는 거야."

"연락은 무슨… 다른 사람들한테 들었지."

"흥, 마음이 아팠겠네?"

"무슨 소리하는 거야? 당신 약 올리려고 장난 좀 쳤어."

"괜찮아. 나한테는 그런 사람 없는 줄 알아? 나 좋다고 따라다니던 사람 많았어. 내가 그때는 왜 당신을 택했는지 모르겠네."

"뭐? 당신 진심이야?"

"그럼 진심이지."

이렇게 별 거 아닌 일로 시작된 말다툼이 어처구니없이 그들 부부를 이혼 위기로 내몬 것이다. 이유라고 할 수도 없는 정말 사소한 말다툼이었다. 그런데 다툼이 길어지다 보니 감정이 상한 두 사람은 서로의 자존심을 상처 내기 위한 말만 골라서 했고, 결국 이혼 이야기까지 나온 것이다. 하지만 둘 다 이혼하자고 큰소리치면서도 정말 이혼을 하고 싶은 마음은 추호도 없었다. 사과하지 않는 남편에게 본때를 보여

주고 싶어서 그녀는 이혼 서류를 내밀었고, 남편 역시 지고 들어가기 싫어서 이혼 서류에 도장을 찍었다. 하지만 두 사람은 마음속으로 간절히 빌었다.

'여보, 어서 사과해….'

그렇게 안타까운 시간이 흘러 가정법원에 가기로 한 날이 되었다. 여전히 두 사람은 먼저 사과해 주기를 기대하면서도 먼저 말을 붙이지 않고 쌀쌀맞게 대했다. 지하철을 타고 법원으로 향하는 내내 말이 없었다. 6, 5, 4,……. 법원까지 정거장 수가 하나씩 줄어들었다.

그때 연인으로 보이는 두 남녀가 지하철에 탔다. 대학생 커플인지 청바지에 가벼운 차림이었는데, 뭐가 그리 재미있고 신나는지 서로가 말 한마디만 해도 웃어주고 귀를 기울여주는 게 참 싱그럽고 귀여워 보였다.

'우리도 저런 때가 있었는데….'

미선 씨는 어느새 남편과 처음 연애하던 시절을 떠올리고 있었다. 그때는 서로에게 어떻게 하면 잘 보일까, 어떻게 하면 더 기쁘게 할까만을 고민했었지. 지금처럼 서로 어떻게 하면 더 상처를 잘 줄까를 생각한 적은 없었다. 미선 씨는 다시 그때로 돌아가고 싶었다.

젊은 커플은 한참을 이야기하다가 뭐가 잘못되었는지 약간 언성을 높였다. 하지만 두 사람은 곧 서로가 먼저 사과를 하기 시작했다.

"내가 잘못했어. 화 풀어."

"아니야, 내가 잘못했어."

"내가 잘못했으니까 사과할게."

"아니야, 내가 먼저 잘못했으니까 먼저 사과할게."

그리고선 다시 서로에게 기대어 정답게 이야기하는 두 사람을 보고 미선 씨는 그 순간 고개를 옆으로 돌렸다. 남편 역시 미선 씨를 바라보고 있었다.

미선 씨는 작은 소리로 말했다.

"여보, 미안해."

"아니야, 여보. 내가 더 미안해."

"내가 잘못한 거 같아. 당신이 농담한 거 가지고…."

"아니야, 내가 너무 심하게 굴었어."

부부는 손을 꽉 잡고 지하철에서 내려 집으로 가는 반대편 지하철에 올라탔다.

매해 10월 24일은 '애플 데이'라는 날이라고 한다. 둘(2)이서 서로 사과(4)하고 화해하는 날이다. 사과를 하는 것은 생각처럼 쉬운 일이 아니다. 하지만 자존심이라는 마음의 빗장을 열어놓는다면 정말 쉬운 일이 바로 사과를 하는 일이다.

부부 사이에도 애플 데이를 정해 보면 어떨까. 일주일에 한 번, 아니면 한 달에 한 번, 그동안 못했던 미안하다는 말을 하고 지낸다면, 가정법원으로 향하는 지하철을 탈 일은 절대 없을 것이다.

12 부부 동반 송년회 모임

　미연 씨는 옷장 문을 연 채로 앞에 앉아서 벌써 몇 시간째 한숨을 내쉬고 있었다.
　아까 친하게 지내는 상우 엄마에게서 전화가 왔다. 매년 있는 부부 동반 모임에 대한 전화였다. 이제까지는 늘 미연 씨 집에서 서로 음식과 마실 것을 갖고 모여서 송년회를 했는데, 올해는 두 집 아이들을 다 스키 캠프에 보낸 김에 밖에서 외식을 하자는 것이었다. 바로 이 송년회가 미연 씨의 걱정거리였다.

　미연 씨는 결혼하자마자 집에서 전업주부로서 살림을 시작한 터라 외출복이라고 할 만한 옷이 별로 없었다. 미혼 때 입었던 정장들은 벌써 유행이 많이 지나서 입을 수 없게 되었고, 몇 년 전 봄, 아들의 초등학교 입학식 때 새로 맞춰 입었던 정장이 좀 얇긴 해도 입을 만했다. 미연 씨는 그 옷을 꺼내 입고 거울 앞에 섰다.

"이까짓 부부 모임 한 번 때문에 새로 살 수도 없고 좀 얇지만 이 걸 입지, 뭐."

미연 씨는 옷장 문을 닫고 뭔가 허전함을 느꼈다. 하루 종일 새로 살까말까를 고민했다. 그리고 남편 경수 씨의 퇴근을 기다렸다. 경수 씨가 퇴근하여 집에 들어오자 미연 씨는 송년회 얘기를 꺼냈다.

"상우 엄마가 장소는 알아본대."

"당신 올해는 편하겠네."

"뭐가?"

"매번 우리 집에서 하느라고 당신 고생 많았잖아."

"그래도 음식은 각자 집에서 한 가지씩 해 와서 좋았어. 돈도 덜 들고, 나는 올해도 그냥 집에서 했으면 좋겠는데…."

"왜?"

"그냥, 집이 편하잖아. 그리고 늘 밖에서 사먹는 남편들인데 또 외식하는 것도 특별하지도 않고. 음식 장만해서 서로 나눠 먹는 게 정이 쌓이는 것 같아."

"당신이야 그렇게 생각하지만, 상우네 딴에는 우리 집에서만 해서 당신한테 미안하니까 밖에서 하자고 한 걸 수도 있잖아. 이번에는 애들도 없으니까 분위기 좀 내보자고."

"그래요. 그런데 장소를 어디로 하려나? 거기에 맞게 옷은 입어야 되겠지요."

"뭐, 꼭 그럴 필요 있겠어? 모르는 사람들도 아닌데… 그냥 편하게 입어."

경수 씨가 이 기회에 한 벌 사라고 했다면 등 떠밀리는 기분으로 하나 샀을 텐데…. 편하게 입으라는 말에 미연 씨는 사볼까 했던 마음을 깨끗하게 접었다.

미연 씨도 밖에서 하는 송년회가 더 좋기는 했다. 편안하게 가져다주는 음식 먹으면서 이야기하는 것이 훨씬 좋다는 것을 누가 모르겠는가. 미연 씨가 주저하는 건 순전히 옷 때문이었다.

한참 아이들이 자라는 상황에서 좋은 옷을 사 입는 건 경제적으로 부담스러운 일이었다. 사실 좋은 옷을 사도 마땅히 입고 갈 데도 별로 없는데 비싼 옷을 사는 건 내키지 않았다.

하지만 남들은 제대로 차려 입고 나올 텐데 혼자만 초라한 모습으로 나가는 것도 여자로서 몹시 우울한 기분이었다. 며칠을 옷을 장만할까 말까 고민하다가 결국 한겨울에 입기에는 좀 얇은 옷이지만 그래도 분위기에 어울린다고 생각되는 제일 괜찮은 투피스 정장을 입고 나가기로 했다.

미연 씨는 오랜 만에 외출 준비를 했다. 정성들여 화장을 하고 옷을 챙겨 입고 경수 씨가 미리 기다리고 있던 차에 올랐다

"당신, 춥지 않겠어? 코트라도 입고 오지 그랬어?"

"차 타고 움직이는데 춥긴요, 늦겠어요. 서둘러요."

12. 부부 동반 송년회 모임

경수 씨는 미연 씨의 옷이 마음에 몹시 걸리는지 운전하면서 계속 힐끔거렸다.

약속 장소에 도착하니, 민규 씨 내외만 먼저 와 있었다. 미연 씨는 민규 씨의 아내 주희 씨를 별로 좋아하지 않았다. 사치도 심하고 말투가 직선적이어서 통 정이 가지 않는 타입이었다. 아니나 다를까 주희 씨는 미연 씨를 보자마자 한마디 했다.

"어머, 아직도 청춘이시네요, 봄옷을 입으셨어요? 그러다 감기 걸리겠어요."

이 여자가 남이 여름옷을 입건 겨울옷을 입건 무슨 상관이라고 꼭 찍어 봄옷이라고 강조를 하나…. 미연 씨는 속으로 이렇게 생각했지만 입에서 나온 건 전혀 다른 말이었다.

"요즘은 겨울이라고 꼭 칙칙하게 입으란 법 있나요? 차가지고 다니는데 굳이 꽉꽉 껴입고 다닐 필요도 없고요."

"네에, 화사하고 좋아보이세요."

민규 씨가 한마디 거들어 두 사람의 신경전은 끝이 났다. 일행들이 들어오기 시작했다. 모처럼 아이들로부터 해방되어 우아한 저녁 시간을 보내고, 포도주로 흥이 돋워지자 누군가 오랜만에 노래방을 가자고 제안했다.

"2차는 노래방 어때?"

"노래방 좋지!"

"그럼 2차 갑시다!"

미연 씨는 사뭇 긴장하고 있었다. 젊었을 때도 원래 노래하는 것을 별로 즐기지 않았던 데다가 결혼한 뒤로는 노래방에 와 본 횟수를 손가락으로 꼽을 정도였으니까. 미연 씨가 와보지 못한 몇 년 사이에 노래방은 너무나 화려하고 근사하게 변해서 눈이 휘둥그래질 정도였다. 대형 화면과 눈부신 조명, 조작 방법을 알 수 없는 처음 보는 리모컨의 형태 등에 미연 씨는 어색하고 적응하기가 힘들었다.

 하지만 다들 흥에 겨워 있어 분위기를 깨고 싶지 않아 조용히 앉아 있었다. 사람들이 너나 할 것 없이 노래책을 들고 예약 버튼을 누르고 자기 곡이 나오면 신나게 노래를 불렀다. 미연 씨는 구석 자리에 앉아 박수를 쳐주고 탬버린을 흔들며 분위기를 맞추려 노력했지만 긴장은 풀어지지 않았다.

 "미연 씨도 한 곡 부르세요. 잘 하시면서 왜 안 부르세요?"

 "아니요, 전 그냥 앉아서 따라 부르는 게 더 재밌어요."

 "그러지 말고 한곡하세요."

 "괜찮아요."

 "그러지 말고 당신도 한곡 불러봐. 내가 탬버린 쳐 줄게."

 사람들의 성화에 못 이겨 노래책을 받아든 순간 미연 씨는 난감해졌다. 무슨 노래를 불러야 할지 도무지 생각이 나지 않았다. 심지어는 결혼 전에 즐겨 부르던 노래 제목조차 떠오르지 않았다.

 "하도 오랜만에 왔더니 아는 노래가 없네요"하며 미연 씨는 슬그머니 노래책을 내려놓았다.

돌아오는 길에 경수 씨는 뭔가 못마땅한 얼굴이었다.

"당신 나한테 화났어."

"당신한테 화 날 일이 뭐가 있어?"

"나 결혼해서 당신한테 옷은 몇 벌쯤 사줬지?"

"뜬금없이 무슨 소리야?"

"그냥, 친구들 마누라랑 당신을 비교하니까 당신이 너무 안쓰러워서."

"내가 왜?"

"옷도 그렇고, 노래방도 그렇고 그동안 내가 너무 못해 준 게 티가 너무 많이 나서 미안해 죽겠다."

"피, 새삼스럽게 왜 그래."

"당신 옷 보고 처음에는 속이 좀 상했어. '내가 못 벌어다 줘서 겨울 옷 한 벌 살 돈이 없나? 마누라가 친구들 앞에서 내 체면도 생각 안하고 궁상을 떠네.' 생각도 했는데…. 당신이 옷을 왜 안 샀을까를 생각하니 당신한테 너무 미안하더라. 내가 박미연을 이렇게 고생만 시키려고 데려왔나 하는 생각도 들고."

"난 당신이랑 살면서 한 번도 고생스럽다고 생각한 적 없어. 사실은 이번에 한 벌 살까 했는데 입을 일이 별로 없잖아. 오늘 하루 입으려고 사다 보면 낭비고 허세라는 생각이 들어서, 그래서 안 산 거야."

"그래, 올해는 지나갔으니 어쩔 수 없고, 내년 송년회에는 제일 예쁘게 입고 나가자. 내가 다른 사람처럼 밍크는 못 사줘도 겨울 코트는 비싼 걸로 하나 사줄게."

"아직은 애들이 어려서 싸고 편한 옷이 좋아. 나중에 애들 다 크고 나면 비싼 걸로 하나 사줘."

"이제 우리 둘이 가끔 노래방 데이트도 하자."

"그건 좋아, 당신한테 요즘 유행하는 노래도 배우고 당신 노래도 듣고 싶어. 와, 기대되는데?"

"고맙다, 박미연!"

"뭐가?"

"나랑 불평 없이 살아줘서."

"나야말로 당신이 나랑 살아줘서 고마운 걸. 궁상맞다고 구박 안 하고 살아주니까."

경수 씨는 변함없이 검소하고 착한 아내가 너무나도 고마웠다. 미연 씨 역시 자신을 위해 주는 남편의 마음이 따뜻하게 느껴져서 자신의 마음도 따뜻해져 옴을 느꼈다. 세상의 모든 밍크 코트를 다 가져도 이보다 더 기쁘고 따뜻할 수는 없을 거라고···.

13 마라톤 마니아…
당신도 한번 달려 봐

 동호 씨는 처음부터 마라톤 마니아는 아니었다. 회사에서 하는 건강검진에서 당뇨 의심 환자라는 판정을 받았다. 그런 동호 씨에게 체중 감량은 꼭 필요한 일이었다.
 그러던 어느 날 친구 호찬 씨로부터 마라톤을 권유받았다.
 "내가 그렇게 오랫동안 달릴 수 있을까? 그러다 심장마비로 죽는 거 아니야?"
 "무리를 하지 않으면 괜찮아. 처음부터 완주한다고 생각하지 말고 10킬로미터에서 하프로, 하프에서 풀코스로 점점 난이도를 올려가는 거야. 서서히… 몸에 무리가 가지 않게."

 호찬 씨의 말을 듣고 난 다음날부터 동호 씨는 달리기를 시작했다.

처음엔 심장이 터질 것 같아 2, 3분을 넘기지 못했지만 차츰 적응이 되어가더니, 10킬로미터는 가볍게 달릴 수 있게 되었다.

동호 씨는 인터넷을 통해 동호회에 가입하고 매주 일요일 아침이면 동호회 사람들과 마라톤을 즐겼다. 처음에는 체중을 감량할 목적으로 시작했지만, 지금은 마라톤 마니아가 되어 있었다.

"일요일인데 애들하고 좀 있지, 오늘도 또 나가?"

"응. 일찍 올게."

"당신이 언제 말대로 일찍 온 적 있어? 늘 말뿐이지."

"아냐, 금방 갔다올게."

일요일 아침 6시, 남편 동호 씨는 달리기를 하러 나가고 연숙 씨는 그런 남편의 뒷모습이 미워 한참 째려보았다. 일요일 아침마다 달리기 하면 평일이라도 가족과 함께 시간을 보내야 하는데 동호 씨는 퇴근 후면 회사 근처 헬스클럽에서 기초 체력을 기르느라 매일 늦게 들어왔다. 그런 동호 씨를 바라보는 연숙 씨의 시선은 곱지가 않았다.

"아무래도 당신은 달리기 중독자가 된 거 같아. 그렇지 않고서야 어떻게 하루도 빠지지 않고 달릴 수가 있어? 회사 일도 힘들 텐데 지치지도 않는 거 보면 당신, 중독자인 게 확실해."

"중독은 무슨 중독, 당신도 한번 달려 봐 얼마나 시원한데… 달리는 동안에는 고민이나 어려운 일들이 싹 정리된다고."

연숙 씨가 보기에 남편은 달리기에 중독된 사람이었다. 그런 남편의 모습에 오히려 마라톤에 대한 거부감이 날로 커져갔다. 연숙 씨는 동호 씨가 마라톤을 가족보다 더 소중하게 여긴다고 생각하자 마라톤을 좋아할 수가 없었다. 어쩌다 텔레비전에서 마라톤 중계라도 나오면 아예 텔레비전 채널을 돌리거나 전원을 꺼 버렸다. 비싼 밥 먹고 저게 뭐 하는 짓이야?라며.

  연숙 씨는 이번 결혼기념일에는 남편이 온천이라도 같이 가자고 해 주길 바랐다.
  "요즘은 다리가 너무 쑤셔. 이렇게 쑤시는 데는 온천이 좋다던데…."
  "살을 빼야지. 그 무거운 몸을 받치고 있으려니 다리가 아픈 건 당연하지."
  남편의 눈치 없는 대답에 연숙 씨는 쌜쭉해졌다.
  결혼기념일 아침에도 동호 씨는 달리기 대회에 나갔다. 연숙 씨는 동호 씨의 기척을 들으며 '그래, 잘해 봐라. 나도 이제 더 이상은 잔소리하기도 싫어. 지겨워' 하고 생각했다. 연숙 씨의 눈에서는 눈물이 흘렀다. 결혼기념일에도 달리기를 하러 나가는 남편의 무심함에 자신의 신세가 초라하게 느껴졌다. '내가 이렇게 살려고 이 사람하고 결혼했나,' 생각하니 분한 마음까지 들었다. 그리고 잠깐 잠이 들었는데 아이들의 소란스러운 소리에 잠에서 깼다.
  "엄마, 어디 아파?"
  "아니. 안 아파, 에고, 일어나야지."

"엄마, 아빠한테 문자가 왔는데 텔레비전 켜 보래."

"아빠가? 텔레비전을 왜… 무슨 일이래?"

"가서 같이 보자."

연숙 씨는 아이들의 성화에 거실로 나왔다. 아이들이 틀어 놓은 텔레비전에서는 마라톤이 생중계되고 있었다.

"아빠가 이거 보래?"

"응."

"엄마는 마라톤 싫어."

"그래도 꼭 봐야 돼. 밥은 우리가 준비할 테니까 꼭 보고 있어."

연숙 씨는 아이들의 당부에 건성으로 텔레비전 화면을 보았다. 가지각색의 사람들이 음료수가 담긴 컵을 집으며 달리고 있었다. 그 중에는 인형 옷을 입고 달리는 사람도 있어서 '참 별 짓을 다하네' 하고 생각했다. 그런데 갑자기 아이들이 환성을 질렀다.

"와, 아빠다! 내가 뭐랬어? 이래야 텔레비전에 나온댔지?"

"엄마, 저기 봐! 아빠야!"

"어디? 누가?"

"저기 오리 옷 입고 뛰는 사람!"

"뭐어? 저게 아빠야!"

"응, 우리 아빠 방송 탔다!"

"하여간 이상한 짓은 혼자 다한다! 저게 뭐라니?"

"이상하긴! 엄마, 저거 우리가 준비한 거야. 아빠랑 우리가 같이 엄마 몰래 저거 준비하느라 얼마나 힘들었는데."

"엄마, 아이디어 좋지 않아? 눈에 확 띄니까 카메라에 잡히잖아."

말은 그렇게 했지만 연숙 씨 얼굴은 붉어져 있었다.

클로즈업 되자 정말로 동호 씨의 얼굴이 보였다. 동호 씨는 커다란 오리 가면을 모자처럼 쓰고 팔에는 노란색 오리모양의 날개를 달고 달리고 있었다. 배에는 커다랗게 '결혼 17주년 연숙아! 사랑해'라고 쓰여 있었다. 중계를 하던 아나운서와 해설가가 웃으면서 얘기했다.

"아, 아주 특이한 옷을 입고 뛰는 선수가 있네요. 노란색 오리 모양 옷입니다. 하하하…."

"네, 가슴에 쓴글을 보니 결혼기념일인가 봅니다. 이런 이벤트를 준비하다니 아내 분이 감동받겠네요."

"그러게요. 반팔에 반바지기 하지만 모자까지 쓰고 있어서 뛰기 힘들겠습니다."

평소 마라톤이라면 질색을 하던 연숙 씨는 이 날 마라톤 중계가 끝날 때까지 텔레비전 앞에서 자리를 뜨지 못했다. 특이한 복장으로 종종 카메라에 비치는 남편의 모습이 처음에는 우습고 방송에서 나오는 게 신기해서 아이들과 웃으면서 방송을 보았다. 그러나 달리는 시간이 오래 되자 점점 안쓰러움이 밀려왔다.

"왜 저렇게 힘든 걸 한다니…."

연숙 씨는 말은 그렇게 하고 있었지만 목소리는 한결 누그러져 있었다.

"아빠가 너무 더운가 봐."

"그러게. 내가 모자 좀 가벼운 걸로 하자고 했잖아."

"그래도 저 모자가 특이하니까 방송에 자주 나오는 거야. 아니면 저 많은 사람들 중에서 아빠를 어떻게 찾을 수 있겠어?"

완주 5킬로미터를 앞에 둔 동호 씨의 발걸음이 부쩍 무거워졌다. 연숙 씨는 손바닥이 축축해지는 것을 느꼈다. 문득 남편이 전에 달리는 동안에는 고민이나 어려운 일이 싹 달아난다고 했던 말이 떠올랐다. 남편은 무슨 고민이 많아 저리 달렸을까, 달리는 동안 무슨 생각을 할까? 생각하니 한없이 남편이 안쓰러웠다. 힘든 일이 있으면 힘들다고 있는 대로 얘기하는 자신의 성격과는 다르게, 남편 동호 씨는 원래 말이 별로 없고 힘든 일이 있어도 내색을 안 하다가 다 지나간 다음에야 지나가는 투로 말하곤 하는 스타일이었다.

저녁이 되서야 남편이 돌아왔다. 연숙 씨는 피곤에 지친 동호 씨의 얼굴을 보니 반가운 마음에 와락 품에 안겼다.

"아이고, 이 사람이 안 하던 짓을 하고 왜 이래?"

"여보, 오늘 당신 모습 너무 멋있었어."

"하하. 나는 또 애들 같다고 나무랄 줄 알았지."

"나 오늘 처음으로 마라톤이라는 걸 자세히 봤어. 처음에는 애들이 당신 나온다고 보자고 해서 봤는데, 나중에는 당신이 어디쯤 있나 해서 보고, 그런데 보다 보니까 문득 나도 달리고 싶다는 생각이 들었어. 이제부터는 당신 따라 나도 달릴래."

"아, 이제야 듣고 싶던 소리를 하네. 나는 정말 오래 전부터 당신과 함께 달리고 싶었어. 당신이 하도 신경질을 내서 말을 못했지만. 처음에는 걷기부터 시작해야 돼. 아니면 큰일 나. 내가 코치 해 줄게."

"신경질은 누가 냈다고…. 당신이 마라톤 때문에 가정에 너무 소홀한 거에 섭섭했지."

남편은 그동안 아내가 자신을 이해해주기를 기다렸던 것이었다. 이렇게 연숙 씨가 동호 씨를 전보다 더 많이 이해하면서 두 부부 사이는 훨씬 사이가 좋아졌다. 마라톤에 필요한 운동화와 옷을 같이 준비하고 훈련 계획을 짜면서 서로 대화가 많아졌다. 그리고 같이 달리는 동안에는 옆에서 뛰는 서로를 배려하고 격려하는 법을 배웠다. 달린 뒤에는 같이 성취감을 느끼고 같이 기뻐할 수 있었다.

지금 연숙 씨는 남편의 격려 속에 10킬로미터 단축 마라톤을 달리고 있다. 결승점에서 남편과 아이들이 자신을 기다릴 것을 생각하니 다리에 힘이 붙는다. 가족의 응원이 그녀에게 힘을 불러온다.

14 일깨워 준 우리 집 '미니 가족사'

 우리 부부는 동갑내기로, 같은 XX대학원에서 만나 3년여 동안의 열애 끝에 결혼했던 사이였지요. 그때나 지금이나 결혼에는 몇 가지 따져 볼 선결 조건이 있다고들 하지요. 돈, 학벌, 집안… 다 따져 보고 결정하라고들 하는데, 저는 그저 당신이 좋아서 결혼한 것이었습니다. 당신과 둘이 작은 신혼방에서 알콩달콩 시작하리라 마음먹고 이런저런 꿈을 그렸었지요.
 그런데, 막상 결혼하고 보니 사정은 달랐습니다. 중풍이신 시어머님과 몸이 불편한 손위 시누이를 모시고, 신혼 초의 안방까지 시어머님께 내드리면서 함께 살아야 할 처지가 아닙니까. 그 어렵다는 시어머니와 시누이를 어떻게 모시고 사나 캄캄했습니다. 게다가 그리 넉넉하게 시작한 살림이 아니었으니 저는 직장에 계속 다니면서 살림까지 해야 하는 현실에 처했지요.

하지만 다행히 고마우신 시어머님께선 제게 집안일보다 직장생활에 충실하라며 격려와 응원을 해주시고, 살림에 서툰 저를 혼내시는 적이 없으셨지요. 처음에 지레 겁을 먹고 시댁 식구들을 어려워 했던 게 죄송스러웠습니다. 고맙게도 시누이께서 시어머님 병간호와 집안 살림과 1년 만에 태어난 딸 보람이의 육아 문제까지 도맡아 해주셨기 때문에 직장 생활에서도 인정받을 수 있었고요. 지금도 시누이껜 진심으로 감사하고 있습니다.

그런데 문제가 생겼지요. 당신이 IMF 사태로 인해 1년 만에 모든 것을 잃어야 했습니다. 살림집 경매 처분, 압류 등 여러 형태의 사건을 이제 와서 다 말한들 무슨 하소연거리가 되겠는지요?

평소에 감성적이고 낭만도 즐길 줄 알았던 당신은 현실적인 고난에 아마 다른 사람보다 더 힘들었을 테지요. 당신은 매일 술로 지내다시피 자신의 희망을 저버린 채 음주 교통사고마저 내게 되어 피해자의 보상 문제는 말할 것도 없고, 당신도 중환자실에서 8개월의 고통의 나날을 보내야 했습니다. 당시 저는 제2의 인생을 시작하기로 작정하고, 낮에는 직장생활, 밤에는 병원에서 당신 도우미로 청춘의 아름다운 시간을 눈물로 보내야만 했습니다.

그 후 몇 년이 지나 건강을 회복한 당신은 사업을 다시 시작, 어느 정도 궤도에 오를 수 있었는데 언제 그랬냐는 듯 매일 술로 지새고 결국 알콜중독에 가까운 증세까지 나타나게 되었고, 이후 우리 부부는 거의 싸우지 않는 날이 없었지요.

저는 하나님께 간절히 기도했습니다.

"사랑은 오래 참고 / 무례하지 않으며 / 자기의 이익을 구하지 아니하고 / 성을 내지 않으며 / 사랑은 불의를 기뻐하지 않으며 / 사랑은 모든 것을 믿으며 / 사랑은 모든 것을 덮어준다"는 성경 말씀을 몇 번씩 암송하면서 힘을 얻었지요. 그리고 남편의 교만을 바로잡아 주십시오. 또한 저에게도 인내심을 주십시오 하고 기도하면서 나 자신과의 싸움에서 이겨낼 수 있었습니다.

여보, 그동안 당신과 살면서 가장 큰 사건들이 무엇이 있었나 돌아보고자 합니다. 굳이 할하자면 '우리집 미니 가족사'쯤 될 것 같습니다.

중풍이신 시어머님, 대변 인공배설 문제가 있었지요. 모든 병 시중은 시누이가 맡아 했지만, 옆에서 지켜보던 제 마음도 고통스러웠습니다. 저도 시어머님 시중을 가끔 도왔지만, 정말 하루 이틀이지 8년이 넘는 긴 세월 동안의 그 심정이 어떠했을지 아시는지요? 저는 힘들 때마다 테레사 수녀님의 헌신적인 봉사정신을 떠올리며, 내 운명이니 하고 생각했습니다.

당신의 대리운전과 과음병도 저를 무척 힘들게 했었습니다. 지금 생각해 보면 당신의 과음병은 사업 실패에서 빚어진 '음주 교통사고'에서 빚어진 것이 아니었을까 합니다.

뇌수술을 한 어떤 분의 얘기에 의하면, 술 마시는 수술자는 '뇌 세포가 파괴되어 나중엔 건망증이 오며, 주체 못할 정도의 안하무인의 행동을 서슴없이 한다'는 것입니다. 그리고 어느날 갑자기 쓰러지면 유언 한 장 남기지 못하고 영원히 잠든다는 사실입니다.

일례로, 당신이 한 번 술을 마셨다 하면 1주일 이상 연속 끝장을 봐야 하는 나쁜 버릇에, '대리운전'에 의존하다 보니 과속 딱지값이 7만원 꼴이니 월 20회 이상 계속된다면 140만원의 경제적 아까운 돈이 낭비되는 셈이었습니다. 하지만 나는 오히려 하나님께 감사드릴 때가 있습니다. 그 정신에도 '대리운전'을 시켜서 귀가하도록 해 주시니까요. 아무튼 저에게 하느님께서 이런 큰 부담을 해결할 수 있는 달란트(능력)를 저에게 주셨으니까요….

또 미장원 원장 사건, 혹시 기억하시는지요? 같은 동네에 위치한 어느 원장은 저의 가정형편을 잘 아는 여자입니다. 저와도 잘 알고 지내는 사이었지요. 어느 날인가 당신과 함께 술 마신 뒤 백화점 등 기타 몇 군데에서 당신 카드로 고급 옷 등 많은 물건을 산 일이 발각되었습니다. 과거 그 여인 바로 미장원 원장에게 마치 형사처럼 짓궂게 취재를 한 적이 있었지요. 늦었지만 그 때의 일에 대해 미안하다는 말을 전하고 싶습니다.

저는 참으로 오랜 시간 동안의 고민 끝에 당신의 술을 끊게 하려는 간절한 소망으로, 월급쟁이를 접고 2004년에 한 조그만 회사를 인수, 당신과 함께 지금은 기반 잡은 이 회사에서 최선을 다하고 있지요. 당신은 말하자면 고급인력인데, 과중한 노동일에 운전사 역할까지 해내면서도 불평 한마디 없이 지금의 회사를 잘 이끌어가고 있습니다. 당신, 제가 그 당시 왜 그 회사를 인수해서 당신에게 운영을 맡아달라고 했는지 혹시 저의 깊은 속마음을 아셨는지요? 사실 문화 사업이라든가, 사회적 공헌이라든가 하는 거창한 뜻이 있었던 건 아니었어요. 그저 당신이 이 일을 통해 조금이라도 술을 덜 드시고 건강도 되찾고 가정 생활에 충실한 남편이 되길 바라서였습니다.

오늘밤 해운대의 바닷가!
돌이켜 보면, 당신께서 술 마시는 이유의 하나는 아내인 제 자신에 큰 원인이 있음을 깨닫게 되었습니다. 저도 당신에게 완벽한 아내는 아니었지요. 언젠가 당신과 시누이, 보람이가 저에게는 비밀로 하고 생일 이벤트를 준비해 주신 적이 있었어요. 그것도 모르고 저는 밤 12시가 넘어서야 일을 끝내고 집에 들어갔습니다. 그때 당신은 저에게 화가 나서 결국 또 술을 드셨고, 그날밤 이후 우리 부부는 며칠 간 크게 싸웠었지요.

그날 밤 식탁에는 꽂힌 초가 민망한 케이크와 온기가 식은 음식들이 기다리고 있었어요. 그 모두가 저를 위해 가족들이 준비한 것인데, 모처럼 당신의 배려와 사랑을 바보같이 받을 줄도 몰랐습니다.

여보, 한 번은 보람이와 이런 이야기를 했어요.
어엿한 대학생이 된 보람이가 "엄마, 엄마는 김치 담가 봤어?" 하고 묻더군요.

좀 뜨끔했습니다. 항상 시누이가 주도적으로 김장을 하면 옆에서 양념을 바르거나 김치통을 옮기는 잔심부름만 했으니까요.

"이번에는 내가 담가 볼까? 그런데 김치 담그려면 싱싱한 배추를 사야 하나, 아니면 소금 절인 배추는 어디서 안 팔까?"

"으이구, 엄마도 참… 나도 도울 테니까 올해는 제대로 하자. 우리집 살림 선생님 고모한테 물어 봐서 배우면 되잖아. 나도 엄마랑 요리도 하고 집안 꾸미는 것도 같이 하고 싶어."

참으로 부끄럽고 창피한 일이었지요. 54세! 33세에 결혼했으니 21년 동안에 과연 내가 한 일은 무엇일까요? 변명하자면 책 만드는 일밖에 아는 것이 없었으니, 가사에 잘하는 일이 무엇 하나 있었겠어요.

미안해요, 여보! 이제부터는 평생 당신의 사랑받는 아내로 일도 줄이고, 특히 토요일이면 일찍 귀가해서 당신을 그리워하는 마음으로 기다릴게요. 그렇지만 한 가지 사실만은 이해해 주셨으면 합니다.

금년 1년 우리 부부 사이의 목표가 있지요? 그때까지만 '사랑'의 정신으로 이해해 주셨으면 합니다. 그리고 당신도 이제는 당신 건강을 위해서 술은 줄여 주세요. 저도 그렇지만, 우리 딸 보람이가 당신을 얼마나 사랑하는지 아시지요? 우리 보람이의 웨딩마치 때, 보람이를 인도해서 들어오는 당신을 상상해 보세요? 그때 당신이 건강하고 당당한 멋진 모습이었으면 좋겠습니다.

여보! 오늘밤 해운대의 겨울 바다의 매서운 바람이 마치 저를 다그치는듯 한 차례 온 몸을 거칠게 휘몰아치고 가네요.

사랑이 어디 봄바람처럼 부드럽고 따뜻하기만 한가요?

이제부턴 해운대 겨울밤의 결심을 되새기며 당신을 좀 더 사랑하려고 합니다. 당신에 대한 저의 간절한 마음을 한 글자 한 글자에 꾹꾹 담아 문자를 보냅니다.

메리크리스마스!

내일부터는 더 행복해져요.

보람이 아빠 파이팅!

당신의 아내가.

그리고, 당신께 꼭 하고 싶은 부탁이 하나 있어요.

이번 제 생일에 당신이 좋아하는 색깔의 앞치마 한 벌과 보람이에게 어울리는 앞치마 한 벌씩 꼭 선물해 주셔요. 다가오는 당신 생신날엔 그 옷을 입고 당신이 좋아하는 음식을 손수 맛있게 해드릴게요. 기대해 주세요.^^

15 노신사(老紳士)와 진정한 사랑의 웨딩드레스

지금 내가 일하고 있는 이 곳은 웨딩드레스 전문샵이다.

웨딩드레스를 보러 오는 젊은 예비부부들이 주요 고객층이다. 혹은 방송국 스탭이 촬영을 한다고 빌리러 오기도 하지만, 나이가 지긋한 남자가 혼자 찾아오는 일은 거의 없다.

'딸랑'

가게 문이 열리는 소리가 나 고개를 들어 보니 60대쯤 되어 보이는 노신사가 다급한 얼굴로 가게 안을 둘러보고 있었다. 나는 혹시 재혼하실 분을 위한 드레스를 찾으러 오셨나 싶어 그 신사분에게 다가가 말을 건넸다.

"어떤 드레스를 보여 드릴까요, 손님?"

"저기…. 저 드레스를 사고 싶습니다만."

신사가 가리킨 것은 쇼윈도에 세워둔 마네킹이 입고 있는 것이었다. 나는 요즘 젊은 사람들이 선호하는 스타일로, 손님과 재혼할 여성이라면 나이대가 맞지 않을 것 같아서 일부러 돌려서 말했다.

"죄송합니다. 저건 이미 예약이 되어 있는 거라서요. 다른 걸 보여드릴까요."

"저 옷이 딱좋은데요."

"아니면 저 디자인에서 조금 수정해서 새로 맞추시는 건 어떨까요? 한 열흘이면 충분히 맞춰 드릴 수 있습니다."

"옷 입을 사람이 다음 주까지 기다려 준다면 좋겠지만 그럴 것 같지 않아서요. 저기, 돈은 얼마라도 좋으니 저 옷을 제게 파십시오. 꼭 사고 싶습니다."

"급하신 것 같은데 그럼 다른 옷으로 보여 드릴까요?"

"아니요, 꼭 저 드레스여야 합니다. 저는 여태까지 집사람한테 한 번도 약속을 지켜 준 적이 없어요. 이번만은 꼭 약속을 지키고 싶어요. 마지막 기회입니다."

　노신사의 눈에는 눈물이 맺혀 있었다. 어쩔 줄 몰라서 사장님을 부르니, 사장님께서 노신사를 의자에 앉혀 드렸다. 노신사는 자신의 이야기를 시작했다.

"아내와 저는 저기 앞에 보이는 아파트에 삽니다. 빈손으로 시작해서 늦은 나이에 마련한 집이지요. 고생 고생하다가 애들은 다 커서 떠나보내고 우리 늙은이 내외만 산지 5년쯤 됐어요. 아내는 몸이 약해서 환절기만 되면 감기를 달고 살았지요. 이번에는 감기를 좀 오래 앓더라고요. 한 달쯤 되었나…. 병원을 가라고 하니까 별거 아니라면서 차일피일 미루더라고요. 싫다는 사람을 억지로 택시에 태워서 병원에 가는 길에 이 가게를 봤어요. 저 앞 신호등에 걸려서 기다리고 있는데 아내가 이 가게를 보면서 저 웨딩드레스가 참 예쁘다면서 눈을 떼지 못하더라고요. 사실 부끄럽게도 우리는 식은 올리지 못하고 혼인신고만 하고 살았더랬지요."

대수롭지 않게 생각하고 병원에 갔는데, 검사 결과 아내는 간암 말기였다고 한다. 길어야 석 달밖에 살 수 없는 시한부 인생이라고 했다.

"전 아내가 없으면 양말 하나 제대로 챙겨 신지 못하는 사람입니다. 그런데 아내가 길어야 석 달밖에 함께 있을 수 없다니…."

의사는 때를 놓쳐 항암 치료도 불가능하다며 맛있는 음식 많이 사주고 아내가 가고 싶은 곳이 있으면, 무리하지 않는 범위에서 데리고 다니라며 퇴원을 권했다고 말하신다.

의사의 말대로 노신사는 그간의 세월을 보상이라도 하듯 아내에게 온 정성을 다했다. 아내의 식단을 챙기고 아내가 원하는 것은 다 들어주려 노력했다. 하지만 노력에 대한 보람도 없이 아내는 날이 갈수록 눈에 띄게 기력이 약해져서 하루 종일 방안에 누워 있게 되었다. 결국 아내가 정신을 잃고 쓰러져 노신사는 구급차를 불러 아내를 다시 입원시키고 오는 길이었고, "아내가 젊고 예뻤을 때 입혀주지 못한 게 후회가 되어 이제라도 약속을 지키고 싶습니다. 둘이 마지막으로 사진도 찍고, 조금 있으면 혼자 먼 길 가는 아내에게 곱게 입혀서 보내고 싶습니다. 그러니 제게 저 드레스를 팔아 주십시오."하는 내용이었다.

　노신사는 끝내 울음을 터뜨렸다.
　나는 그 노신사와 함께 택시를 타고 병원으로 향했다. 아까 마네킹에서 벗겨낸 웨딩드레스와 함께 말이다. 병원에 도착해 노신사와 함께 병실로 뛰었다.
　병실에는 노신사의 아들과 며느리인 듯한 가족들이 와 있었다. 침대에 누운 인자해 보이는 노신사의 아내가 힘없는 얼굴로 애써 미소를 지으며 노신사를 반겼다.
　"당신 어디 갔다 와요?"
　"여보, 이 드레스 기억나요? 당신이 그렇게 입고 싶어 했잖소. 내가 꼭 사준다고 약속 했었잖소."
　"그걸 기억하고 있었어요?"
　노신사의 아내는 식구들에게 자신을 일으켜 달라고 부탁했다. 남편이 자신을 위해 사온 것이니 지금 입어 보겠다고 한 것이다. 의사에게 허락을 받은 뒤 나와 노신사의 딸이 함께 노신사의 아내에게 웨딩드레스를 입혀 주었다. 그리고 급하게나마 기념 촬영도 했다.
　"고마워요, 여보, 그런데 조금 쑥스럽네요."
　"참 곱구려. 시집올 때도 이렇게 예뻤지."

아내의 손을 잡은 노신사는, 이제껏 못난 남편이랑 살아주어서 얼마나 고마운지 모르오 하며 울먹거렸다.

"앞으로 내 당신이 시키는 거 다 들어줄 테니, 제발 하루라도 더 내 곁에 있어 줘요, 응?"

나는 조용히 병실 문을 닫고 나와 다시 가게로 향했다. 저렇게 애틋한 부부가 이제 얼마 후면 이별해야 된다는게 참 슬프고 믿기지가 않았다.

그 뒤로 나(옷가게 주인)는 가끔 나와 남편의 마지막 날을 떠올리곤 했다. 우리는 아직 둘 다 젊지만 사람으로 태어난 이상 언젠가는 나도 남편과 이별의 순간을 맞이할 것이다. 그때 저렇게 뼈저리게 후회하는 일이 없도록 살아가는 순간 내 남편과 가족에게 최선을 다해야겠다고 다짐했다. 노신사(老紳士) 할아버지! 감사합니다.

16 청각 잃은 노부부(老夫婦)의 애틋한 사랑

"왈왈!"
"멍멍! 멍!"
 몇 주 전부터 낮이고 밤이고 시도 때도 없이 개 짖는 소리가 들렸다. 처음엔 그냥 그러다 말겠거니, 교육을 시키겠거니 생각했는데 한참이 지나도 개 짖는 소리는 멈추지 않았다. 딸은 고3이 되어 입시를 앞둔 탓에 신경이 잔뜩 예민해져 짜증이 부쩍 늘었다. 나 역시 신경이 곤두서서 깊은 잠을 잘 수가 없을 정도였다.

 어느 날 저녁, 딸아이와 나는 아내에게 못 참겠다는 듯 말했다.
 "엄마, 나 시험 얼마 안 남았는데, 저 개들 짖는 소리 때문에 집중이 안 돼서 미치겠어. 내일은 어떻게 좀 해 줘. 아니면 독서실에 다시 다니게 해 주든지."

"그래, 당신이 가서 뭐라고 좀 해 봐. 이건 집에 와도 쉴 수가 없으니…. 도대체 어느 집 사람들이 이렇게 몰상식한 거야?"

"그러게요. 경비실 아저씨한테 얘기는 했는데 알았다고 하더니 나아지는 게 없어요. 제가 가는 것보다는 당신이 가서 말하는 게 좋겠어요. 당신이 가서 뭐라고 강력하게 말좀 해봐요."

아이도 다 자라서 조용한 생활에 익숙한 우리 가족은 개 짖는 소리에 쉽게 적응할 수 없었다. 한 마리도 아닌 서너 마리는 될 법한 개들의 산발적이고 날카로운 불협화음이 우리 가족의 신경을 건드리고 있었다.

다음날 저녁, 퇴근해서 돌아오니 아내 말이 우리 집에서 몇몇 사람들이 모여 반상회를 하기로 했단다. 소음에 피해를 입었다는 집 사람들이 모여 대책회의라는 것을 하기로 했다는 것이다.

"너무 일을 크게 만드는 거 아닐까?"

"우리뿐 아니고 다른 집들도 마찬가지로 항의를 했는데, 여전히 개를 키우고 있으니 다 같이 모여서 강력하게 나가기로 했어요."

"그래도 여럿이 한꺼번에 몰려가는 건 좀…."

"우리만 뭐라고 하는 것도 아니니까, 벌써 몇 주째 많은 사람들이 괴로워하고 있잖아요. 당신이랑 딸애도 잠까지 설친다고 어떻게 해 보라더니…."

8시가 좀 넘자 부녀회장과 몇몇이 부부 동반으로 우리 집에 모였다. 그들 역시 개 짖는 소리에 시달려서 그런지 심기가 불편한 얼굴이었다.

"결론은 개를 어디로 보내버리든가 아니면 성대 수술을 시키든가, 이사를 가든가, 셋 중 하나를 택하는 것으로 하겠습니다."

"네, 좋아요."

"찬성입니다."

"맞아요. 어떤 사람인지 얼굴도 좀 보자고요."

"혼자 가는 것보다 여럿이 몰려가서 이렇게 많은 사람들이 당신 때문에 피해를 입고 있다는 걸 알려 줘야 돼요."

"잠깐만요. 지금 남의 집을 불쑥 방문하기에는 좀 늦은 시간 같습니다. 지금 이 시간에 우리가 찾아간다면 우리도 똑같은 사람이 되니까 오늘은 생각도 좀 정리하고 내일 다 같이 찾아가는 건 어떨까요?"

"쇠뿔도 단김에 빼랬다고, 지금 가자니까요."

"그래요, 지금 가는 게 좋아요. 내일로 미뤄서 좋을 게 뭐 있나요? 얼른 갑시다."

사람들이 모두 일어나 우르르 집을 빠져나갔다. 이웃 간에 싸움이 크게 번지면 어떡하나 하는 생각이 들어 나 역시 그들을 따라 나섰다. 그 집에 도착해 벨을 눌렀다. 역시나 개들이 요란스럽게 짖기 시작했다.

"아니, 이 집은 개를 몇 마리나 키우는 거야, 도대체?"

"그러게 말이야. 이러니 시끄러워 어디 참을 수가 있나, 이건 해도 너무하는 거지."

문이 열리고 할아버지 한 분이 나왔다.

"누구세요?"

"부녀회장하고 이웃 주민들입니다."

"아, 그러시군요. 죄송합니다. 인사가 늦었습니다."

할아버지는 정중하게 인사했다.

"저희 집에서 나는 개 짖는 소리 때문에 많이 힘드시죠? 정말 죄송합니다."

할아버지는 몇 번 더 고개 숙여 인사했다.

"그렇게 말씀하시니까 오늘은 그냥 가지만 다음부터는 주의를 좀 해 주세요."

모두들 할아버지의 태도에 화가 누그러진 모양이었다. 다들 맥없이 뿔뿔이 흩어졌고 나 역시 아내와 함께 집으로 돌아왔다.

다음날 아침 나는 엘리베이터를 타고 무심히 거울을 보다가 엘리베이터 거울에 붙은 종이 한 장을 발견했다.

> 이웃 여러분, 죄송합니다.
> 어제 여러분께서 보여주신 호의에 감사드리며
> 오늘 저녁 여러분을 저희 집에 초대하고 싶습니다.
> 부담 가지지 마시고 오시기 바랍니다.
> 1203호 올림

엘리베이터 거울에 붙어 있던 초대장은 하루 종일 내 마음에 남아 있었다. 그런 까닭에 나는 그날 밤 그 집에 가기로 했다. 할아버지가 왜 그렇게 많은 개를 키우고 있는지 궁금하기도 했다. 어젯밤 그가 보인 태도로 보아 그는 우리가 생각하는 몰상식하거나 지독히 이기적인 사람은 분명 아니었기 때문이다.

일찍 퇴근한 나는 가기 싫다는 아내를 억지로 끌고 1203호로 갔다. 내가 함께 가자고 졸라대서 따라나서긴 했지만, 아내 입장에서는 모르는 사람 집에 초대받아 가는 것이 불편한 모양이었다.

"난 가기 싫어요? 처음 보는 사람 집에서 불편하게 밥을 어떻게 먹어요."

"초대를 했는데 아무도 안 오면 얼마나 무안하시겠어? 우리라도 갑시다. 당신은 궁금하지 않아? 우리를 왜 갑자기 초대한다는 건지, 그 집에 왜 그렇게 개가 많은 건지…. 무슨 이유가 있을 거야."

'가 봐야 뻔해요. 밥 한 끼 얻어 먹고 나면 다음엔 개가 짖어도 뭐라고 할 수도 없으니까 그걸 노리는 거라고요, 나는 싫어요, 안 갈래요. 정 가고 싶으면 당신이나 다녀와요.

"그러지 말고 같이 갑시다. 어르신께서 미안하다고 하시는데. 게다가 요즘은 처음처럼 많이 짖지도 않잖아. 그 집 개들도 이제 적응했나 봐. 개들이 처음에 이사 와서 낯서니까 그렇게 짖은 걸 거야. 같이 갑시다."

"아이, 싫다는데 왜 자꾸 이래요?"

16. 청각 잃은 노부부(老夫婦)의 애틋한 사랑

"당신은 그 분 보면서 부모님 생각도 안 났어? 장모님이 사람들을 잔뜩 초대해 놓고 음식도 준비했는데 아무도 안 온다고 생각해 봐. 얼마나 속상하시겠어?"

나는 아내와 함께 그 집에 찾아갔다. 벨소리에 먼저 현관 앞으로 달려와 우리 내외를 맞아준 건 그 시끄러운 불협화음의 주인공들이었다.

"저 녀석들이 또 시작했나 봐요 아유, 시끄러워."

"개니까 짖는 게 당연한 거지 뭐."

아내와 내가 대화를 나누고 있는 사이 문이 열리고 어젯밤에 본 그 할아버지가 문을 열고 우리를 반갑게 맞아 주셨다.

"안녕하세요."

아내는 인사를 건넸다, 조금 전까지 잔뜩 찌푸리고 있던 아내는 할아버지의 정중함에 이내 얼굴을 풀고 인사를 했다. 집안으로 들어가보니 네 마리의 개들이 이리저리 집안을 뛰어다니고 있었다.

'역시… 이러니 시끄러울 수밖에.'

원래 동물을 좋아하지 않는 아내는 부산을 떨고 돌아다니는 강아지들의 환영에 어쩔 줄 모르고 서 있었다. 그때 부엌에서 곱게 차려 입으신 할머니가 나오셨다. 할아버지는 할머니의 손을 살포시 잡아 우리 내외 앞으로 이끄셨다. 할머니가 미소를 머금고 인사를 했다.

"앉으세요."

나와 아내는 자리에 엉거주춤 앉았다.

"뜻밖에 초대를 하셔서 오긴 왔는데 어쩐지 죄송하네요."

아내의 말에 할머니는 아내를 향해 고개를 가로저으며 웃기만 했다. 곁에 있던 할아버지가 조용히 말했다.

"제 아내는 사고로 청력을 잃었어요, 그래서 전화도 쓸 수 없고 누가 와서 초인종을 눌러도 강아지들이 오락가락하며 알려줘야만 알 수 있어요. 형편이 이래서 늘 주위에 폐만 끼치고 살고 있습니다. 그렇다고 제가 하루 종일 아내 옆에서 붙어 있을 수 있는 상황도 아니고…. 곧 방음 공사를 할 생각입니다. 원래는 이사오기 전에 하려고 했는데 사정이 생기는 바람에 좀 늦어졌습니다. 죄송합니다."

말없이 할아버지의 손을 잡고 있던 할머니가 어눌한 목소리로 말을 잇는다.

"미안합니다."

할머니는 들리진 않지만 분위기로 지금의 상황을 눈치채고 있는 듯했다. 장애를 가진 아내의 손을 잡은 할아버지의 모습을 보면서 나와 아내는 감동을 받기도 했고 한편 부끄러웠다. 할아버지의 애틋한 아내 사랑에 비해 우리는 얼마나 이기적인 모습을 드러냈는가, 하는 생각이 들어 얼굴을 들 수 없었다.

집으로 돌아온 아내가 내게 말했다.

"오늘 난 마음의 장애인이 된 것 같았어요. 사정은 제대로 알아보지도 않고 개 짖는 소리가 듣기 싫다고 야단을 쳤으니…."

"그래, 나도 그런 생각 했어. 역시 함부로 다른 사람 욕하면 안 되는 거였어."

"그런 좋은 분들한테 우르를 몰려가 이유는 묻지도 않고 따지려고 나 하고…. 당신 아니었으면 큰 실수 할 뻔했어요."

 우리는 그 노부부와 금방 가까워졌다. 사정을 알게 된 이웃들도 이제는 개소리가 나도 이해를 해주었다. 오히려 할머니를 사랑하는 할아버지의 마음에 감동해서 전에 우르르 몰려갔던 일에 대해 사과하는 사람들도 있었다.
 이젠 두 분의 사랑 덕분에 세상이 조금 더 따뜻해진 것 같은 기분이 들어 마음이 가벼워졌다.

17 잃어버린 40년의 세월을 찾다

나환자들이 모여 사는 소록도에서 목회 활동을 하고 있는 한 목사 앞에 일흔이 넘어 보이는 노인이 마주앉았습니다.

"목사님, 저를 이 섬에서 살게 해주실 수 없습니까?"

느닷없는 노인의 요청에 목사는 당황한 표정을 지었습니다.

"아니, 어르신께서는 병세가 없어 보이시는데 나환자들과 같이 살다니요?"

"제발 부탁입니다요…."

간곡한 노인의 부탁에, 목사는 그의 사연을 들어보았습니다.

"저에게는 모두 아홉 명의 자식이 있었지요. 그런데 그 중의 한 아이가 문둥병에 걸렸습니다."

"언제 이야기입니까?"

"지금으로부터 40년 전, 그 아이가 열한 살 때였지요. 병에 걸렸다는 걸 알았을 때, 우리가 할 수 있는 행동은 그 아이를 다른 가족이나 동네로부터 격리시키는 것이었습니다."

"그럼 여기로 왔겠군요."

"그렇습니다."

노인은 그저 해본 소리는 아닌 듯 진지한 표정으로 이야기를 시작했습니다.

『소록도에 나환자촌이 있다는 말만 듣고 우리 부자가 길을 떠난 건 어느 늦여름이었습니다. 그때만 해도 교통이 매우 불편해서, 서울을 떠나 소록도까지 오는 여정은 멀고도 힘든 길이었지요.

어느 산 속 그늘 밑에서 쉬는 중이었습니다. 나는 문득 잠에 골아 떨어진 그 아이를 죽이고 싶었습니다. 바위를 들었지요. 마음에 내키진 않았지만 잠든 아이를 향해 힘껏 던졌습니다. 그만 바윗돌이 빗나가고 만 거예요. 이를 악물고 다시 돌을 던졌지만 차마 또다시 그런 짓을 할 수는 없었어요. 아이를 깨워 가던 길을 재촉했습니다.

문제는 소록도에 다 왔을 때 일어났습니다. 배를 타러 몰려든 사람들 중에 눈썹이 빠지거나 손가락이며 코가 달아난 환자들을 정면으로 보게 된 겁니다. 그들을 만나자, 아직은 멀쩡한 내 아들을 소록도에 선뜻 맡길 수가 없다는 생각이 들었습니다. 멈칫거리다가 그만 배를 놓치고 만 나는 마주 서 있는 아들에게 내 심경을 이야기했지요.

"아들아, 널 이곳에서 살게 하고 싶지 않구나. 저런 모습으로 살아서 무엇 하겠니? 몹쓸 운명이려니… 너하고 나하고 함께 죽자구나."

고맙게도 아이가 이해를 하더군요. 나는 아들을 데리고 나루터를 돌아 아무도 없는 바닷가로 갔습니다. 신발을 벗어두고 아들을 데리고 물속으로 들어가는데 어찌나 눈물이 나던지…. 한 발 두 발 깊은 곳으로 들어가다가 거의 내 가슴 높이까지 물이 깊어졌을 때였습니다. 갑자기 아들 녀석이 내 가슴을 떠밀며 악을 써대는 겁니다. 내게는 가슴 높이였지만, 아들은 턱밑까지 물이 차올라 한 걸음만 내딛어도 물에 빠져 죽을 판이었습니다. 아들은 나를 밀쳐내며 소리치기 시작했습니다.

"아버지! 문둥이가 된 건 난데 왜 아버지까지 죽어야 해요? 왜 아버지까지 죽어야 하냐고요!"

"얘야…."

"형이나 누나들은 아버지만 믿고 사는데…. 아버지가 죽으면 형이나 누나들은 어떻게 사냔 말이에요…."

그러면서 자기 혼자 죽을 테니 아버지는 나가라고, 어찌나 강한 힘으로 나를 떠밀던지요.

그 길로 나는 아이를 혼자 이 섬으로 떠나보내고 서울로 돌아갔습니다. 그 아이를 애써 잊은 채 정신없이 살았습니다. 남은 여덟 명의 자식들을 먹여 살리고, 공부시키고, 결혼하고 손자, 손녀를 낳고…. 그렇게 말입니다.

그런데 얼마 전에 큰아들이 시골의 땅을 다 팔아서 함께 올라와 살자고 하더군요. 처음엔 아들네 집이 편했습니다. 가끔씩 죽은 마누라가 생각이 났지만, 주는 대로 세 끼 먹으면 되고 하는 일 없이 세월을 보냈습니다.

어느 날인가는 큰아이가 입을 엽디다. 큰아들만 아들이냐고요. 둘째, 셋째, 넷째도 마찬가지였어요. 전 그날 이후 예전에 살던 시골집에 돌아왔어요. 문득 40년 전에 헤어진 그 아이가 생각나는 겁니다. 열한 살에 문둥이가 되어 소록도에 내다버린 아이! 내 손으로 죽이려고까지 했던 그 아이! …끝내는 문둥이 마을에 내팽개치고 40년을 잊고 살아왔던 아이 말입니다.

그런데 말입니다. 그 아이를 다시 찾았을 때 그 아이는 이미 아이가 아니었습니다. 쉰이 넘은데다가 그동안 겪은 병고로 나보다 더 늙어 보이는, 그러나 눈빛만은 예전과 다름없이 투명하고 맑고 소중함을 느끼게 해주는 내 아들이었습니다. 그 아들이 울면서 저를 반기는 것이었습니다. 그애는 나를 껴안으며 이렇게 말했어요.

"아버지를 한시도 잊은 날이 없습니다. 아버지를 다시 만나게 해달라고 40년이나 기도해 왔는데 이제야 응답을 받았습니다."

나는 흐르는 눈물을 닦을 여유도 없이 물었습니다.

"어째서 이 못난 애비를 그리 기다렸느냐? 널 내다 버린 채 한 번도 찾지 않은 무정한 이 애비를 원망하고 저주해도 모자랄 텐데 무얼 그리 기다렸어…."

그러자 아들이 이렇게 말하는 것이었습니다.

"아버지, 여기 와서 예수 그리스도를 믿게 되었는데 그 이후로 모든 것을 용서하게 되었습니다. 그 분의 사랑이 비참한 운명까지 감사하게 만들었어요."

저는 깨닫게 되었습니다. 제 힘으로 온 정성을 쏟아 가꾼 여덟 개의 화초보다 쓸모없다고 내다버린 하나의 나무가 더 싱싱하고 푸르게 자라 있었다는 것을…. 예수 그리스도, 그 분이 누구인지는 모르지만 내 아들을 변화시킨 분이라면 저 또한 마음을 다해 받아들이겠노라고 다짐했습니다.

목사님, 그애는 내가 지금 여기 와서 함께 살아주기를 간절히 원하고 있습니다. 그애의 눈을 보는 순간 그 눈빛이 결코 거짓이 아니라는 걸 깨달았습니다. 그 눈빛 속에는 지금껏 제가 구경도 못했던 간절한 그 무엇이 들어 있었습니다. 공들여 키운 여덟 명의 아이들에게선 한번도 발견하지 못한 사랑의 언어라고나 할까요.

저는 이제 그애에게 잃어버린 40년의 세월을 보상해 주고 싶습니다. 함께 있어 주는 것만으로도 그애에게 도움이 된다면 기꺼이 그 요청을 받아들일 작정입니다. 그러니 목사님, 저를 여기에서 살게 해주십시오. 아멘.』

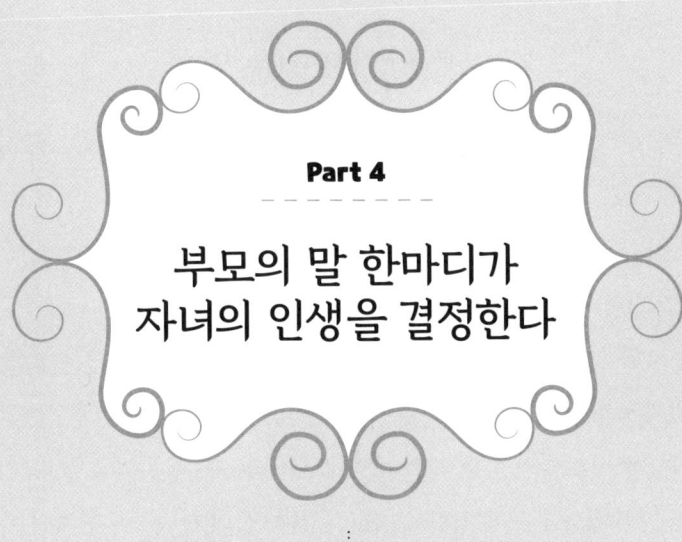

Part 4
부모의 말 한마디가 자녀의 인생을 결정한다

- 자녀를 망가뜨리는 말들
- 부모와 자녀 간의 효율적인 대화
- 나는 정말 좋은 아빠인가
- 우리는 몇 점짜리 부모인가
- 자녀 교육의 수칙
- 아동 학대… 무엇이 문제인가
- 청소년 자녀 둔 부모 교육프로그램
  - (남편의 기를 살려 주는) 아내의 내조 10가지
  - (아내의 기를 살려 주는) 남편의 내조 10가지

자녀를 망가뜨리는 말들

부모와 십대의 자녀들 사이에는 일상적인 생활에서 대립과 갈등에 부딪히게 되는 경우를 자주 볼 수 있다.

이때에 부모들의 문제 해결 과정에서 나타나는 행동이나 말은 자녀들의 인격 형성에 크게 영향을 미친다. 특히 십대 자녀들이 인격적으로 자라나고 인간다움을 넉넉하게 지닌 사람으로 성장하는 데는 맹목적인 부모의 사랑만으론 충분하지 않다는 점이다. 무심코 던진 부모의 말 한마디가 자녀들에겐 큰 상처를 주거나 또는 평생 아픔을 주는 말 한마디로 남게 된다.

다음은 어느 유치부·청소년반 선생님이 십대의 자녀들을 망가뜨리는 말들을 수집해 놓은 것을 소개한 것이다.

"이 장난감 썩 치우지 못해"
"넌, 심부름 하나 제대로 못하니"

"한번만 그 따위 짓 또 하면 가만 안 둘거야"

"쪼그만 놈이 뭘 안다고 나서는 거야"

"엄마 말은 이제 안중에도 없다, 이거야"

"공부도 못하는 것이 까불기는 왜 까불어"

"네 주제에 뭘 안다고 그러니"

"정말 구제 불능이야"

"이 바보야, 이것도 몰라"

"오냐, 오냐 했더니 이젠 부모 머리 꼭대기까지 올라앉아"

"숙제 다 했니? 맨날 놀지만 말고 정신 차려"

"컴퓨터 앞에만 앉아 있짐 말고 공부 좀 해라"

"망할 계집애, 지금껏 TV 앞에만 앉아 있기야"

"너, 집에 가서 두고 보자"

"부모가 시키면 시키는 대로 해야지, 뭔 말이 그렇게 많아"

"꼭 지 애비 닮아가지고 하는 짓도 미워 죽겠어"

"밥 먹여 줘, 옷 입혀 줘, 뭐가 부족해서 넌 못하니"

이 외에도 자녀들의 마음을 아프게 하거나 망가뜨리는 말은 얼마든지 있다.

문제는 이런 말들을 부모는 무심코 했지만 이 말을 듣고 자라난 자녀들은, 마음속 깊은 곳에 차곡차곡 이런 말들이 쌓이게 되어 은연중에 자신을 비하시키는 생각들로 비극이 싹트게 된다는 점이다.

그래서 그 자녀들이 학교에서, 사회에서, 대인 관계를 맺고 생활하는 데 그것들이 큰 장애거리로 등장하게 된다는 점이다. 그리하여 이 세상을 보는 눈이 부정적일 수밖에 없게 된다.

그러므로 10대의 성장기의 자녀들에겐 부모가 어떠한 말을 하느냐 하는 데 따라 그 아이의 품성은 물론 인생이 달라지게 된다.

다음에 자녀들에게 힘을 주는 부모의 말 한마디를 소개한다.

"노력하면 너도 할 수 있어. 다음에는 더 잘할거야"
"너는 열심히만 하면 공부 잘할텐데"
"힘들더라도 참고 열심히 해라"
"오늘 밤은 외식이다"
"용돈 안 모자라니"
"역시 내 아들이 최고야. 넌 할아버지를 닮았다"
 (아빠를 닮았다는 말보다 훨씬 좋다)
"오늘은 일찍 자라. 건강이 중요하지, 공부가 중요하겠냐"
"네 할 일은 네가 알아서 해라. 너를 믿는다"
"같이 볼링치러 가자. 네 덕분에 아빠 체면이 섰다"
"조금만 참아라, 이제 며칠 안 남았다. 최선을 다하자"
"아빠는 네 편이다. 소신껏 밀고 나가라"
"사랑한다. 괜찮아"

"오늘 힘들었지? 좋은 꿈 꾸어라"

"힘들지? 놀면서 해라. 넌 할 수 있어"

"지금부터 시작해도 늦지 않다. 누구 딸인데, 넌 마음만 먹으면 뭐든지 잘할 수 있을 거야. 나는 걱정 안한다. 힘내"

"결과보다는 과정이 중요한거야. 집착하지 말고 여유를 가져라"

"엄마는 너를 믿어"

"나도 학창 시절 때 공부 잘하지 못했다. 실망하지 말고 하는 데까지는 열심히 하자"

"누구나 실수는 할 수 있는 거야. 넌 아직 어리잖니"

■ 다음의 [실례]를 통해 부모의 말 한마디가 자녀에 미치는 영향을 알아보자.

[실례1] 신발을 아무렇게나 마구 벗어놓은 자녀에게

부모A ▶ 야, 신발은 똑바로 벗어 놓아야지?

부모B ▶ 얘야, 신발 좀 똑바로 벗어놓지 못하겠니?

부모C ▶ 얘야, 넌 나이가 몇 살인데 신발하나 제대로 못벗어 놓니?

[실례2] 정서 표현, 행동을 지시하는 말을 했을 때

부모A ▶ 아빠는 너를 언제나 사랑한단다.

부모B ▶ 철수는 100점을 맞아왔는데, 넌 허구헌 날 50점이니 엄만 속상해 죽겠다.

부모C ▶ 어떤 일이 있더라 거짓말은 하지 말라.

부모D ▶ 전화 오면 아빠 없다고 해라.

위의 [실례1]에서 부모 A, B, C 모두 다 자녀의 잘못된 행동에 대해 무심코 감정을 그대로 노출한 경우이다. 이런 경우에는 부모님이 감정이 섞인 직접적인 말보다는 속담을 이용하거나, 위인들의 이름, 애정을 표시하는 말투 — 방법①, 방법②, 방법③ — 로 표현한다면 그 말들이 자녀들에겐 훌륭한 보약이 될 것이다.

방법① ▶ 우리나라 속담엔 신발을 제자리에 놓는 사람에겐 행운이 뒤따른단다.

방법② ▶ 소파 방정환 선생님은 어렸을 적에 신발을 바르게 벗어 놓는 버릇을 들여 나중에 훌륭한 사람이 되었단다.

방법③ ▶ 엄마는 우리 승호가 신발을 바르게 벗어 놓을 수 있다고 믿는단다.

위의 [실례2]에선 부모 A, B, C, D 모두 자신의 감정, 기분까지를 나타내고 있다. **부모 A**는 애정을 담뿍 지니고 말했으나 부모 B는 자녀를 향해 짜증이 섞인 말투로 표현했다. 이때 **부모 A** 자녀는 '아, 우리 부모가 나를 사랑하시구나' 하며 매사를 긍정적으로 보는 명랑한 자녀가 되지만, **부모 B**의 자녀는 '부모가 나를 싫어하고 귀찮게 생각하시는

구나'하고 부정적으로 생각하게 된다.

결국 부모 A의 자녀는 '부모가 나를 사랑하고 있다'는 생각 때문에 항상 자신감을 갖고 다른 사람과 문제가 생겼을 때에도 곧잘 풀어나간다. 반면에 부모 B의 자녀는 '나를 낳아준 부모가 나를 싫어한다'는 생각 때문에 매사에 전전긍긍하게 되며 일이 제대로 될 리가 없다고 생각하게 된다.

또 부모 C와 D는 '이것을 해라' '저것은 하지 말라'식으로 자녀에게 어떤 행동을 하도록 지시하는 말을 표현했다.

부모 C의 경우를 통해서 그 자녀는 '해야 할 것과 하지 말아야 할 것'을 분간할 줄 아는 규범을 터득하게 되어 공중 도덕, 예의 범절, 질서 등 최소한의 선악을 분별할 줄 아는 자녀로 성장하게 된다. 하지만 부모 D의 경우에는, 그런 말들을 듣고 자라난 자녀가 나중에 커서 과연 기본적인 도덕률을 지킬 수 있을 것인가에 대해서는 부정적인 생각을 하지 않을 수 없다. 잘못된 말을 듣고 자라면, 어른이 되어서도 비뚤어진 마음으로 살 수밖에 없다. 따라서 자녀가 한 사회의 최소한의 규범이나 도덕률을 준수하는 아이로 커 가느냐, 그렇지 못하느냐 하는 것은 부모의 말 한마디에 달려있다 하겠다. 부모가 말을 조심해야 하는 이유도 바로 이 때문이 아니겠는가. '**부모의 말 한마디가 자녀의 인생을 결정한다**'는 말은 자녀의 성공을 위해서도 매우 중요하다는 경구로 받아들여 마땅하지 않겠는가! 이 말의 뜻을 한번 곱씹어 보았으면 한다.

부모와 자녀 간의 효율적인 대화

사람이 평생을 살아가는 데 있어서 시간을 가장 많이 보내는 곳이 가정·학교·직장이다.

가정은 다른 어느 곳보다도 기본적으로 중요한 역할을 담당하는 곳이다. 좋은 터전에 뿌리가 깊고 튼튼하게 잘 내린 나무는 비가 오거나 바람이 불고 눈보라가 휘몰아쳐도 쓰러지지 않고, 주위 환경의 변화에 견디어 나아갈 수 있다. 그러기 위해선 부모는 자녀들이 자신의 가정에 대하여 긍지를 가질 수 있도록 그 분위기를 조성해 주어야 한다. 가정은 곧 자녀들을 보호해 주는 울타리와 같기 때문이다.

언제나 울타리 안으로 들어가고 싶고, 들어갈수록 편안해지는 삶의 안식처가 바로 가정이다. 가정이 좋다는 것은 건물이 좋다거나, 돈이 많다거나, 부모가 권세를 가지고 있는 것을 의미하는 것이 아니다. 따뜻하고 편안하며 즐겁고 자유롭게 어느 정도 마음대로 행동하여도 좋고, 그래서 좋아지는 곳이다.

가정에 풀장이 있고 좋은 음식이 있다 해도 부모의 얼굴을 볼 수 없거나 부모로부터 따뜻한 애정을 받을 수 없으며 쌀쌀한 분위기 감돌게 되면, 그 가정은 심리적·교육적으로 보금자리가 될 수가 없다.

비록 가난해도 화목하고 오순도순 대화가 나누어지는 그런 곳이 이어야 한다. 이런 가정이 좋은 가정이다. 좋은 가정은 곧 항상 부모와 자녀 사이에서, 자녀와 부모 사이에서 격의없는 대화가 이루어지는 법이다.

일반적으로 부모와 자녀 간의 효율적인 대화의 특징을 살펴보면, "① 상대방의 감정을 억압하거나 무시하지 않고 오히려 감정을 인정하고, 이해하여 줌으로써 정화작용을 돕는다. ② 효율적인 대화는 부정적인 감정-분노, 증오, 비애, 좌절감 등의 표현을 두려워하지 않게 한다. ③ 효율적인 대화는 교사와 학생, 부모와 자녀 사이의 인간관계를 돈독히 한다. ④ 효율적인 대화를 통하여 청소년들은 자율적이고, 책임감 있고, 자주적이며, 창조적인 인간으로 성장할 수 있다. ⑤ 효율적인 대화는 청소년들로 하여금 어른들을 신뢰하고 존경하게 한다"는 것이다.

다음에 아버지와 아들 사이의 주고받는 대화를 통해서 효율적인 대화가 어떤 것인지를 알아보자.

승호네 가족은 가정 형편상 이사를 가지 않으면 안될 형편에 놓여있다. 몇 차례 이사를 하는 바람에 초등학생인 승호가 어떻게 생각할까,

그게 제일 문젯거리로 부딪힌다. 이때 [대화1][대화2]를 통해 아버지의 말이 아들에게 어떻게 미치는가를 살펴보자.

[대화1]

아버지 : 다음 달에 도마동으로 이사가기로 했다.

아　들 : (놀라며) 예! 또 이사를 가요? 전 싫어요. 안갈래요.

아버지 : 뭐라구? 싫으면 그만 둬라.

아　들 : 전 이동네 친구들도 좋구요, 학교도 마음에 들어요. 전 이사가기 싫어요.

아버지 : 친구가 밥먹여 주냐. 이놈아, 이것 팔아서 이사가면 오백만 원이 떨어진다는 것 몰라?

아　들 : (눈물을 글썽이며 일어나 자기 방으로 간다)

[대화2]

아버지 : 다음 달에 도마동으로 이사가기로 했다.

아　들 : (놀라며) 이사를 가요? 이사 안 가면 좋겠어요.

아버지 : 이사가기 싫은 모양이지?

아　들 : 예, 전 이 동네 친구들이 좋구요, 학교도 마음에 들어요. 전 그래도 사는 것이 좋겠어요.

아버지 : 정든 친구들도 있고, 학교도 마음에 들으니 이사가기가 싫겠구나.

아 들 : 그럼은요. 영철이·철수 다 좋은 아이들이에요. 얼마나 서로 친하고 좋은데요. 학교에서도 애들이 다 나를 좋아하고 나도 학교가 재밌어요.

아버지 : 좋은 친구들과 헤어질 생각을 하니 네가 마음이 아픈 게로구나.

아 들 : 예, 정말 서운해요. 그 애들과 헤어지기는 싫어요.

아버지 : 그래, 정든 친구들과 헤어진다는 건 섭섭한 일이야. 좋은 친구들과는 나도 늘 함께 있고 싶거든.

아 들 : 꼭 이사해야 하나요?

아버지 : 이사를 안갈 수만 있다면 네가 얼마나 좋아하겠니?

아 들 : ……(가만히 듣고만 있다)

아버지 : 네 말을 듣고 보니 나도 마음이 아프구나. 학교 전학을 하자면 당분간 재미가 없을지 모르지. 옛날 친구들 생각도 자꾸 나고…. 그런데 우리 형편도 생각을 해야지.

아 들 : ……(눈물이 핑돈다)

아버지 : 네가 눈치 챈 대로 장사가 잘 안되고 있구나. 그래서 생각다 못해 이 집을 팔고 이사를 하면 한 오백은 떨어지니깐 그걸 보태서 더 좋은 자리에서 장사를 새로 시작하려는 생각이란다.

아 들 : ……(가만히 듣고만 있다)

아버지 : 우리 이사를 해서 다시 한번 잘해 보자. 그곳은 장소가 좋아서 장사도 잘 될거야. 그래야 네 학비도 잘 대주고 마음놓고

네가 공부할 것 아니냐?

아　들 : 알겠어요, 아버지…. (방안으로 들어간다)

위에서 [대화1]은 아버지가 십대의 자녀를 교육하는 데 있어서 그들의 감정을 무시한 채 강제적·강압적으로 명령하는 방법이다. 이 방법은 오히려 그들의 감정을 불러일으키고 반항심과 갈등을 유발시키게 되어 비효과적인 방법이다. 그리고 아들의 마음에는 오랫동안 아버지에 대한 반항심과 갈등을 낳게 한다.

[대화2]에서는 아들의 인격을 무시하지 않고 존중해 주는 범위 내에서 아버지의 의사를 전달하는 확실한 방법이다. 그리고 아들에게 다정한 안내자로서의 역할까지 하고 있다.

나는 정말 좋은 아빠인가

[좋은 아빠 테스트 법]

다음 자료는 어느 〈육아 잡지〉에서 본 '육아에 참여하는 남성들의 모임'이란 자료에서 뽑은 항목이다.

자녀들에게 관심이 있는 아빠라면 아무리 바빠도 만점을 받을 수 있겠지만, 자녀에게 무관심한 아버지는 아무리 시간적 여유가 있다 하더라도 5점 이하를 받을 것이 뻔하다. 반면에 대개의 어머니는 12점 이상을 받을 것으로 나타나고 있다. 그것은 평소에 자녀에게 관심을 기울이고 있다는 증거이다.

자료 : 좋은 아빠 테스트 설문

☐ 1. 자녀의 생일을 정확히 안다.

☐ 2. 자녀가 좋아하는 캐릭터·연예인을 안다.

☐ 3. 자녀의 담임 선생님 이름을 안다.

  (유치원 이하인 경우는 아이의 친구 이름 3명 이상)

☐ 4. 한번이라도 책을 잘 읽어준 적이 있다.

☐ 5. 일주일에 한 번 이상 스킨십이 있는 놀이를 한다.

☐ 6. 자녀의 혈액형을 안다.

☐ 7. 자녀의 신장과 체중을 대략 안다.

☐ 8. 자녀가 좋아하는 음식을 안다.

☐ 9. 자녀의 예방접종 여부를 안다.

☐ 10. 모자 보건수첩을 읽은 적이 있다.

[체점 방법] 1~5번 한 문항에 2점, 6~10번은 한 문항에 1점씩 계산함.
[점수 해설] '육아에 참여하는 남성들의 모임' 자료에 의한 것.

0점 : 말이 안나오네요. 정말 딱합니다.

1~5점 : 요주의! 자녀에게 지나치게 무관심합니다. 그러다가는 자녀도 아버지에 대한 관심을 잃게 됩니다.

6~10점 : 양호! 아이에게 보다 더 관심을 가지면 자연히 점수가 올라갈 것입니다. 더 성실하게 관심을 기울이세요.

11~14점 : 아버지와 자녀 관계가 딱딱 맞겠군요. 육아나 자녀 교육에 상당히 협력적인 아빠입니다.

15점 : 만점 아빠입니다.

우리는 몇 점짜리 부모인가

다음에 실린 생활 덕목들은 우리의 십대들이 자기 자신과의 만남에서부터 몸가짐, 가정과 학교에서의 생활, 친구들과의 문제, 공부와 진로 문제 등, 이 험난한 사회 속에서의 바른 자리매김을 하는데 도움을 주는 구체적인 사항들로 구성되어 있다.

이젠 돈만 벌어오면 부모 역할이 끝나는 시대는 이미 지났다. 다음 10가지 항목을 통해 자녀에 대한 관심도를 측정해 보자.

■ 자녀 앞에서 삼갈 일 10가지

	100점	70점	50점	30점	10점
1. 부부 싸움을 하지 않는다.	☐	☐	☐	☐	☐
2. 불평·불만을 하지 않는다.	☐	☐	☐	☐	☐
3. '돈·돈'하지 않는다.	☐	☐	☐	☐	☐
4. 가난을 한탄하지 않는다.	☐	☐	☐	☐	☐
5. 사치·낭비를 하지 않는다.	☐	☐	☐	☐	☐

6. 술 마시고 행패하지 않는다.   ☐ ☐ ☐ ☐ ☐

7. 외도·탈선을 하지 않는다.   ☐ ☐ ☐ ☐ ☐

8. 가출·별거를 하지 않는다.   ☐ ☐ ☐ ☐ ☐

9. 잡기에 몰입하지 않는다.   ☐ ☐ ☐ ☐ ☐

10. 스포츠·오락에 흥분하지 않는다.   ☐ ☐ ☐ ☐ ☐

[계산하는 법] 총점수 합계 ÷ 30 = 나의 점수

위 항목 10가지는, 서울지방검찰청 청소년보호관찰소에서 비행 청소년들의 학부모들을 대상으로 교육시킨 내용으로, 매우 교육학적이고 가치 있는 설문으로 평가받고 있다.

평가 결과 100명의 학부모 중 90%가 이에 신뢰할 만한 자료라고 긍정하고 있다.

10점 : 매우 심각   30점 : 심각   50점 : 분발

70점 : 보통   100점 : 존경

자녀 교육의 수칙

자료 : 청소년 비행 예방위원회 지침

1. 가까운 친구 사이일수록 예절을 갖출 것.
2. 가지고 싶은 것이 있어도 당장 사 주지 말 것.
3. 글씨를 정성껏 쓰게 할 것.
4. 길거리에서 군것질을 못하게 할 것.
5. 나쁜 책을 못보게 하라.
6. 아이의 체면이 깎일 이야기는 하지 말라.
7. 불쾌하게 하지 말라.
8. 남의 물건을 함부로 빌리지 말라.
9. 남의 이야기를 엿듣지 못하게 하라.
10. 어머니는 자식의 비추는 거울이다.
11. 자식의 상담역이 되도록 하라.
12. 때로는 속는 시늉도 하라.
13. 부끄러움을 알게 하라.
14. 물건을 소중히 여기게 하라.

15. 부족한 상태가 좋다는 것을 가르쳐라.

16. 성에 관한 이야기를 죄악시하지 말라.

17. 부모의 하루 일과를 딸에게 말해 주어라.

18. 본분을 깨닫게 하라.

19. 건전한 놀이장(종교 활동이나 캠프 활동 등)에 보내 주어라.

20. 예의 바르고 인사성이 바른 아이가 되게 하라.

21. 주변 정돈과 청소에 힘쓰게 하라.

22. 전력을 다 한 일이라면 결과가 나빠도 칭찬하라.

23. 일의 즐거움을 가르쳐라.

24. 책을 끝까지 읽도록 하라.

25. 칭찬은 나무라는 것보다 몇 배의 효과가 있다.

26. 편지, 일기 쓰는 버릇을 길들여라.

27. 학교에 가는 아이를 울려서 보내지 말라.

아동 학대 … 무엇이 문제인가

아동보호전문기관 : 굿네이버스 (02-6716-4000) 초록우산어린이재단 (02-775-0179)

최근엔 끔찍한 '아동 학대 사건'이 연이어 터지고 있다. 그럴 때마다 엄마들은 분노로 치를 떨고 안타까워한다.

이들 사건은 국가적으로도 큰 이슈가 되고 있지만, 지금까지 보도되지 않은 사건들이 의외로 많다는 점이 더 심각하다는 현실이다.

왜 이런 사건들이 일어날까?

아동 학대의 가장 큰 이유는 부모의 자녀 양육 기술의 부족이라고 여겨진다. ―자녀들 앞에서의 부모의 몸 가짐, 말 한마디, 사소한 하나 하나의 행동에 이르기까지 자녀들에게 신경쓰지 않으면 안 될 일들이 많기 때문이다.

다음은 굿네이버스 자료 내용의 일부를 발췌·소개한 것이다.

"…(생략)…'내가 아빠니까, 내가 엄마니까, 너는 내 말을 들어야 해'라고 생각하지는 않나요? 아이를 존중해주셔요. 내가 화났다고 함부로 아이한테 퍼붓는 것, 부부 싸움하고 나서 아이한테 감정 쏟아내는 것, '너 때문에'라고 아이 탓하는 것은 아이들 마음에 큰 상처를 줍니다. …(생략)…'솔직하게 얘기하기', '사소한 일이라도 약속했으면 지키기', '여떤 경우든 잘못했으면 사과하기'등."

청소년 자녀 둔 부모 교육프로그램

자료 : 청소년 종합상담실 제공
(www.bumonet.or.kr/02-2285-1318)

"아이가 나를 무시해요. 무슨 말을 해도 듣지 않아요."
"성적도 상위권인 고등학생 아들이 자퇴를 하겠다고 합니다.
어떻게 해야 하나요."

청소년을 둔 부모라면 한 번씩은 자녀와의 갈등을 겪어본 경험이 있다. 그러나 이런 문제들을 털어놓고 얘기하고 해결책을 찾는다는 것은 쉽지 않다.

자녀 때문에 고민하고 있는 부모라면 '청소년종합상담실'을 한번 찾아가 보는 것이 좋다. 이곳에서는 '부모-자녀 간의 효과적 의사 소통을 위한 집단 상담' 강좌를 비롯해 컴퓨터 게임에 중독된 자녀 문제, 학습 향상을 위한 부모의 역할 등, 부모를 위한 각종 프로그램 교육이 수시로 열리고 있다.

■ 집단 상담 강좌의 내용 중 대표적인 사례

학부모 : "며칠 전 중학교에 다니는 아이의 학원에 갔더니 아이가 매를 맞고 있다. 화가 머리끝까지 치밀어 오르는데 어떻게 하면 좋겠냐"고 묻는다.

전문가 : "평소에는 아이를 다그치고 야단을 쳤지만, 이번에는 아무 일 없었던 것처럼 대해 보라"고 권유한다.

이에 대해 다음과 같은 효과가 나타났다.

중학교에 다니는 아들은 엄마의 달라진 태도에 경계의 눈빛을 보내다가 곧 아무일도 없었던 것처럼 일상으로 돌아갔다.

며칠의 시간이 흐른 뒤 아들은 엄마에게 자신이 잘못을 저질러 매를 맞았고, 앞으론 주의하겠다는 다짐까지 했다.

이 밖에 최근 미국 정부의 공중보건 최고 책임자인 머시 총감이 "소셜미디어가 어린이와 청소년에게 큰 위험이 될 수 있으니, 그 대책 마련이 필요하다는 내용의 보고서를 발표하였다.

"소셜미디어 사용 기간 등에 관해 가족이 합의해 취침 1시간 전에는 스마트폰·태블릿·컴퓨터 사용의 제한"을 주요 권고 사항으로 꼽았다. 또한 소셜미디어로 공유하는 내용에 주의를 기울이고 살펴야 한다고 경고하였다.

남편의 기를 살려 주는 아내의 내조 10가지

1. 목소리를 낮추세요

2. 남편의 장점을 칭찬해 주세요

3. 한 달에 한 번, 남편을 위한 파티를 준비하세요

4. 남편을 위해 기도하세요

5. 남편이 혼자만의 시간을 가질 수 있게 해 주세요

6. 남편의 마음을 읽어 주세요

7. 남편을 웃게 하세요

8. 남편과 둘만의 시간을 가지세요

9. 다른 남편과 비교하지 마세요

10. 진심으로 남편을 믿으세요

아내의 기를 살려 주는 남편의 외조 10가지

1. 사랑한다고 말해 주세요

2. 아내의 생일을 꼭 챙겨 주세요

3. 하루에 한 번 칭찬해 주세요

4. 손을 잡아주세요

5. 부부싸움을 하고 난 후 더 빨리 말을 거세요

6. 혼자만의 시간을 가질 수 있게 해주세요

7. 예쁘다고 말해 주세요

8. 한 달에 한 번 아내와 데이트를 즐기세요

9. 자녀 교육에 관심을 가져 주세요

10. 꼭 안아 주세요

참 좋은 당신 참 좋은 우리부부

2023년 6월 26일 인쇄
2023년 6월 29일 초판 1쇄 발행

엮은이_ 이재석
편집 디자인_ B&D
편집 구성_ 이우석
교정_ 이선경 이우석

펴낸이_ 이재석
펴낸곳_ Good Book 울림사
등록번호_ 제2018-000044
주소_ 03376 · 서울 은평구 녹번로 33-20 2층A
전화_ 02)736-4464 | 010-3773-3508
팩스_ 02)736-4467
이메일_ woolimsa1016@naver.com

ISBN 979-11-981441-1-9   03810
ⓒ 이재석, 2023

＊잘못된 책은 교환해 드립니다. 값은 뒤표지에 있습니다.
　이 책은 저작권법에 따라 보호받는 저작물이므로 무단전재와 무단복제를 금합니다.
　굿북울림사는 좋은책만을 만드는 집으로,
　출판에 뜻이 있는 분들의 소중한 원고를 기다립니다.